戚继光

杜洪涛

著

中华书局

图书在版编目(CIP)数据

戚继光/杜洪涛著. —北京:中华书局,2022.11(2023.11重印)
(中华先贤人物故事汇)
ISBN 978-7-101-15785-7

Ⅰ.戚… Ⅱ.杜… Ⅲ.戚继光(1528～1587)-生平事迹
Ⅳ.K825.2

中国版本图书馆 CIP 数据核字(2022)第 108967 号

书 名	戚继光	
著 者	杜洪涛	
丛 书 名	中华先贤人物故事汇	
责任编辑	傅 可 董邦冠	
责任印制	管 斌	
出版发行	中华书局	
	(北京市丰台区太平桥西里 38 号 100073)	
	http://www.zhbc.com.cn	
	E-mail:zhbc@zhbc.com.cn	
印 刷	三河市宏达印刷有限公司	
版 次	2022 年 11 月第 1 版	
	2023 年 11 月第 2 次印刷	
规 格	开本/787×1092 毫米 1/32	
	印张 4¾ 插页 2 字数 50 千字	
印 数	3001-6000 册	
国际书号	ISBN 978-7-101-15785-7	
定 价	20.00 元	

出版说明

　　孔子周游列国，创立儒家学说；张骞出使西域，开辟丝绸之路；书圣王羲之，留下了曲水流觞的佳话；诗仙李白，写下了"举头望明月，低头思故乡"的名篇；王安石为纠正时弊，推行变法；李时珍广集博采，躬亲实践，编撰医药学名著《本草纲目》……

　　这些杰出的历史人物，有的是在中华民族文明进程中做出过突出贡献、对后世产生过巨大影响的思想家、政治家，有的是对中华优秀传统文化的传承传播发挥过重大作用的文学家、艺术家、科学家，有的是为国家安定统一、民族融合团结和中外文化交流做出过杰出贡献的军事家、外交家……他们为中华民族的繁荣发展做出了伟大的贡献，他们的行为事迹、风范品格为当世楷模，并垂范后世。

他们是中华民族的先贤人物。他们的思想、品德、事迹，是中华优秀传统文化的结晶；他们的故事，是对中华民族的禀赋、特点和气质最生动、最鲜活的阐释；他们的名字，在五千年中华文明史上最为光彩夺目；他们为五千年中华文明史书写了最为光辉灿烂的篇章。

为了解先贤，走近先贤，我们精心组织编写了这套《中华先贤人物故事汇》丛书，以翔实可靠的史料为依据，细腻动人的故事为载体，真实地呈现中华先贤人物的事迹、品格和精神风貌，彰显他们的贡献和功绩，激发人们对国家民族的热爱，对中华文明、中华优秀传统文化的崇敬。

开卷有益，期待这套丛书成为你的良师益友。

目　录

导 读

　　戚继光（1528—1588），登州府（治所在今山东蓬莱）人。他一生的功业主要是在东南沿海的抗倭斗争中建立的。

　　倭寇成分复杂。既有日本人、葡萄牙人，也有为数不少的中国人。倭寇对东南沿海百姓的生命、财产造成了极为残酷的破坏，甚至对明朝的国家安全形成了严重的威胁。

　　由于承平日久，军事制度落后于社会经济发展等原因，十六世纪明军的战斗力孱弱，甚至可能被数量远少于自己的倭寇击溃。戚继光就是在这样的时代背景下登上历史舞台的。

　　戚继光之所以能够在东南沿海的抗倭斗争中脱

颖而出，主要是由于他的练兵思想。他很快认识到浙江明军的战斗力低下，从外省调来的狼兵、土兵又极难管控。因此，他提出训练本地人抵抗倭寇的理念。早在嘉靖三十七年（1558），他就开始在舟山训练直浙总督胡宗宪为他从临山卫（位于今浙江余姚）和观海卫（位于今浙江慈溪市）挑选出来的三千名军士。虽然仅仅训练了四五个月就不得不投入战斗，但这支军队还是取得了乌牛之战、南湾之战等抗倭斗争的胜利。然而由于政治腐败，手下将士无法获得与战功相称的奖赏，以及这支军队在某些方面未能达到戚继光的要求等原因，他最终放弃了这支军队。

嘉靖三十八年（1559），戚继光决定从民风强悍的义乌招兵。他对这支队伍进行了长期的严格训练，从而形成了威名赫赫的戚家军。嘉靖四十年（1561），他率领这支军队取得台州大捷，肃清了浙江南部的倭寇。嘉靖四十一年（1562），他率军驰援福建，先后取得横屿大捷、牛田大捷等胜利，沉重打击了福建境内的倭寇。嘉靖四十二年（1563），他率领戚家军再次驰援福建，在俞大猷、刘显的配合下，戚继光基本剿平了福建境内的倭寇。此后，戚继光成为抗倭最高军事长官。他通过多年的不懈努力，最终肃清了东南沿海的倭寇，让当地的百姓过上了较为安定、幸福的生活。

戚继光是伟大的爱国将领，他的事迹值得后人铭记。

初露锋芒

一

明朝嘉靖二十三年（1544）春。

清晨，一轮红日照亮了山海之间的登州城。

城外的官道上，一位高大瘦削的老人停下了脚步，他用微弱但不失威严的声音说道："光儿，我们就送到这里了。"

老人名叫戚景通，曾先后担任山东都司、大宁都司的都指挥和神机营副将。他身后站着一个眉清目秀又器宇轩昂的少年，便是他的儿子戚继光了。

"爹……"戚继光望着疲惫、憔悴的老人欲言又止。

"元敬，你爹把你带到我家那年，你才七岁。这一转眼，你都到了可以进京袭职的年纪了。"头戴方巾的中年男子缓缓地说。

"梁先生，"戚继光躬身施礼，"十年来，先生不嫌我顽皮、愚钝，教我四书五经、诗词歌赋。门生无能，未能达到先生的期望，但师恩深重，请受门生一拜。"

梁玠拉住试图跪地叩首的戚继光，感慨地说："元敬，不要妄自菲薄。别说在登州卫，就是在这登州府，你的经学造诣也算得上年轻一辈中的佼佼者。本来为师很想让你走科举这条路……"梁玠满腹经纶，却时运不济，始终未能考取功名。他曾将博取功名的希望寄托在戚继光身上，想到如今这个希望也落空了，不禁长叹一声。

"梁先生，"戚景通抹了抹头上的虚汗，诚恳地说，"虽说光儿有些读书的天分，但武官家族的长子得承袭父业，为国效命。更何况如今，这多事之秋，咳咳咳……"一阵剧烈的咳嗽终止了老人的话头。

"父亲！"继光抢上两步，一边轻拍父亲的后背，一边转头对梁玠说，"现在我朝北有俺答，南有倭寇，这正是军人报效国家的时候！"

梁玠点了点头，说："元敬能以国事为重，为师深感欣慰。"

戚景通凝视着即将远行的儿子说："儿啊，你即将继承的世袭武职，是老祖宗跟着太祖高皇帝打天下，用性命换来的，你千万不能坏了祖辈的名声。精忠报国、廉洁奉公这八个字，你给我牢牢记着。"

戚继光听父亲讲过，六世祖戚详为大明征战多年，最终在征讨云南的战役中不幸阵亡；太祖高皇帝为奖励戚详的战功，封五世祖戚斌为登州卫指挥使。想起祖辈的事迹，他情不自禁地跪下，磕了一个响头，说："爹爹，孩儿记住了！"

戚景通虚弱地点了点头，低声说了几个好字，又说："快上路吧，多加小心！"

戚继光对父亲和先生各施一礼，又俯身拉住一直默不作声的弟弟说："继美，爹爹最近身体不大好，我走之后，你要好好照顾爹爹。"

年仅十二岁的戚继美用力地点了点头，说：

"大哥，早些回来！"

戚继光转身踏上征途。慢慢地，他疾行的身影消失在老少三人的视线之中。

二

当年六月，戚继光到了京城。第二天，便是袭职考试的日子。一大早，他从客栈赶到北郊的大校场。在军士的监督下，他与准备袭职的武官子弟穿过辕门，来到校场中间的指定区域。

他站在人群中放眼望去，只见演武厅前面的将台高大宽敞，将台中央的交椅上坐着三位考官。将台之下，武官、军士分列左右。

距离将台不远的地方，有一座旗台。旗台上有金鼓旗、五方旗、角旗，有大鼓、铜锣、号角、喇叭，还有准备就绪的旗牌官、旗手、乐手等。

跪听圣旨、查点人数等程序过后，比武考试正式开始。戚继光的排序靠后，他和暂时不参加考试的武官子弟被带到考场的两侧等候。

考场由设有短墙、壕沟、箭靶的骑射考场和地势平坦的并枪考场构成。参加袭职考试的武官子弟在旌旗、锣鼓的指挥下进场比试。

戚继光从未经历过这么大的场面，紧张而兴奋地四处张望。他看到有人骑马在跳跃短墙时人仰马翻，有人在跨越壕沟时栽倒在地，也有人在并枪时血流满面；他还看到，有人身手矫健，拉弓如同满月；有人威风凛凛，持枪奋勇向前；也有人在考试通过之后振臂欢呼。

戚继光身边也是好戏连台。一位武官子弟塞给监试官一锭银子，便分到了一匹健壮的官马；另一位青年塞了更多的银子，牵着自己长期训练的良驹走进考场；还有一位穿着寒酸的少年分到瘦马后提出抗议，反被监试官扇了一记耳光。

当一名监试官牵着一匹瘦弱的官马来到戚继光面前时，他明白自己要上场比试了。他微笑着接过了缰绳，轻柔地抚摸着马背说："马儿，全靠你了。"说罢，他取出弯弓，背上箭囊，翻身上马。

戚继光骑马缓步进入骑射考场。在看到令旗后，他催马向前，在马儿顺利地翻过短墙时。他迅速抽出一支羽箭，准备在马儿跳过壕沟后射出。不料，马儿恰在那时打了个趔趄。幸亏他反应敏捷，一边控制住马，一边瞄准。只听嗖的一声，羽箭疾出，正中靶心。

戚继光勒转马头，缓步回到原地。他五指张开，梳理了几下马的鬃毛，轻轻地说："马儿，我们还得再射两箭。"令旗摇动，他再度催马向前。马儿高高跃起，翻过矮墙，再纵身一跃，跳过壕沟。戚继光抽箭、张弓、怒射，一气呵成，羽箭不偏不倚，再中靶心。

戚继光将马头一兜，缓缓回到原地。他知道瘦弱的马匹已经十分疲惫，他轻柔地为它梳理鬃毛，说："马儿，再坚持一下。"令旗挥过，马儿稀溜溜一声嘶鸣，向前飞驰而去。它越过短墙，跨过壕沟，只是在戚继光射出第三箭之后，又打了个趔趄。

三发三中，只听得吭的一声，铜锣响起，戚继光通过了骑射考试。

戚继光翻身下马，牵着马儿走向一名军士，微笑着说："军爷，能帮我找些草料吗？这马本来就瘦，又从早晨跑到现在……"

戚继光张弓搭箭，正中靶心。

军士刚才眼见这少年应变敏捷，弓马娴熟，早生爱敬之心，便一口答应了。

戚继光把军士找来的草料放到地上，捧了一些，放到马儿嘴边，说道："马儿，辛苦你了。"马儿打了个响鼻，欢快地咀嚼起来。很快，马儿就将草料吃了个精光。

戚继光牵着马来到了并枪考场。一进考场，他便看到在考场另一端，一位壮汉骑着一匹高头大马，手舞长枪往来奔驰。他轻抚马背，说道："马儿，我们要跟他厮杀三个回合，全靠你了。"说罢，翻身上马。

三通鼓声过后，监试官宣布比试开始。那壮汉根本没将眼前少年放在眼里，驰马疾奔，冲杀过来。戚继光不慌不忙，纵马相迎。两马相错之际，壮汉长枪横扫，试图将少年击落马下。戚继光双手持枪猛地一拨，荡开了对手势大力沉的攻击。壮汉啐了一口，打马而去。

双方交换位置，开始第二回合的较量。就在两马再次交汇的瞬间，壮汉腾身而起，双脚站在马镫上，抡圆了大枪，向少年头上砸去。戚继光横枪上举，奋力抵挡，再次化解了对手的攻击。壮汉气得哇哇直叫，又打马而去。

第三回合，壮汉纵马疾冲，手中大枪直刺少年咽喉。戚继光心中恼怒，父亲告诉过他并枪无须搏命，只要三个回合不躲闪、不坠马即可通过考试。眼见对方出此辣手，他好胜之心陡起，不闪不避，长枪后发先至，直刺壮汉左眼。

壮汉眼见大事不好，一个倒栽葱滚落下马。也幸亏戚继光及时收手，壮汉才保住这只眼睛。

咣——铜锣响起，戚继光又通过了并枪比试。

少年翻身下马，扶起壮汉，说道："没伤到你吧。"

"技不如人，没什么可说的。"壮汉用力甩开了戚继光的手，悻悻地牵着马走远了。

通过袭职考试之后，戚继光兴奋异常，他恨不能立刻回到家中，告诉爹爹他袭职成功的消息。可令他没想到的是，完成袭职手续耗费了两个月的时间。多亏戚景通早做安排，给儿子带足了盘缠，否则戚继光恐怕就没有回家的路费了。

三

戚继光赶回登州城的时候，已经是初冬十月了。他推开院门，看到穿着丧服的弟弟坐在院子里发呆。

"大哥，爹爹没了！"戚继美扑到戚继光身上哭喊道。

戚继光眼前一黑，险些跌倒。

嫡母张夫人闻声推开了堂屋的门，戚继光兄弟二人连忙上前扶着年迈的嫡母回到房中。

戚继光问起父亲去世的情况，嫡母哽咽着将戚景通在七月底一病不起，最终于八月初二日病故的事情大致说了一遍。说到戚景通临终前反复呼唤戚继光的名字，却没留下任何遗言时，一家人放声痛哭。

哭了半晌，嫡母问起戚继光袭职的情况。戚继光简略地讲述了顺利袭职的经过，嫡母欣慰地点了点头，而戚继美却是欲言又止。一段沉默过后，一家人又陷入了失去亲人的悲痛之中。

当晚，戚继光彻夜未眠，第二天一早，他前往芝山祖坟祭拜。起初戚继美想要随同前往，戚继光反复劝说，他才没有跟来。

芝山在登州城的东南，自五世祖戚斌以来，戚家的历代先人都埋葬在这里。

戚继光走进规制简陋的祖坟，来到父亲与生母的合葬墓前。他没带任何祭品，嫡母告诉他，父亲过世后，棺材及丧葬所需都是借钱置办的。想到父亲叱咤一生，身后却如此凄凉，他不禁泪如雨下。

他扑通一声跪在墓前，磕了三个响头。他双手捶地，哭喊道："孩儿无能，孩儿无能啊！"不知哭了多久，他才稍稍平复。可是，刚坐起来，便想起没能听到父亲的临终遗训，又哽咽起来。再后来，又因为没能亲口告诉父亲顺利袭职的消息而号啕大哭。

哭得累了，他索性躺在附近的一棵松树下面，泪眼婆娑。他想到生母去世那年自己才十岁，入殓那天外公质问父亲："戚景通，你自己落了个清官的好名声，可家里人能沾到你什么光？你死后恐怕连棺材都买不起！"

想到外公一语成谶，泪水又如同泉水一般流个不停。"我去京城的路费，是爹爹卖了祖传的别院凑齐的，"他喃喃自语，"我要是不去袭职，爹爹是买得起棺材的。"

他又想起了父亲对他的教诲。十二岁那年，家里翻修老宅，他受了工匠的怂恿，对父亲说："武将世家应该有十二扇雕花的窗户。"父亲大声斥责："四扇就够了，为什么要十二扇！你现在就想过奢侈的生活，若不严加管教，长大后难免贪赃枉法。"

戚继光猛然醒悟，父亲言传身教，都是在培养自己的品格。他跪在父母坟前，又磕了三个响头，说："爹、娘，'精忠报国，廉洁奉公'，孩儿会永远记得！"

四

六年后。

登州城外的官道上，一对年轻夫妇停下了脚步，这对夫妇正是戚继光与妻子王氏。

"相公，有句话我一直想问你，"王氏剑眉紧锁，说，"都堂推举你作登州卫掌印指挥，你为什么要推辞？难道真的是为了参加武举会试吗？"

"夫人，掌印指挥虽然也是武职，但实际上是个管理卫所行政事务的官，不是真正的武将。"戚继光耐心地解释，"先祖追随高皇帝打天下，父亲也曾征讨流贼，我要像他们那样上阵杀敌，保国卫民。"

"你最近几年不是每年春天都带着民壮去戍守蓟镇吗？"王氏问道。

"空疲东海骑，渐老朔方兵。"戚继光吟诵起他去年写成的诗句，语调苍凉。见王氏似懂非懂，又说："民壮轮番戍守，不济事。我要到战场上去，那里才是需要我的地方。"

"你去参加武举会试，朝廷就会让你去防俺答、杀倭寇吗？"

"我只有展现出自己的能力，才能争取到为国家效命的机会。"

"算了，我说服不了你。"王氏脸色有所缓和，"我爹说你以后能成大器，梁先生也这么说。我，"王氏低下头，"我也相信你。"

戚继光握住夫人的双手，说道："听你这么说，我就安心了。弟妹年纪小，不太懂事，你要多担待。"

"放心吧。"王氏抽回自己的双手，"早点儿回来。"

当戚继光又一次来到京城时，却正赶上俺答汗突破古北口，兵临都城之下。朝廷下令，会试推迟，京城中所有参加会试的武举人都要参与保卫京城的战斗。

战乱期间，戚继光先后得知京军人数不足原额的一半，又以老弱为主；俺答汗率部，在京城周边疯狂劫掠；大小官员，各路援军消极避战。义愤填膺的他在戍守城门的间隙，奋笔写下《御虏方略》进呈兵部。

然而，就像早些时候，他针对蓟镇边防空虚的情况进呈的《备俺答策》一样，呈上去的方略如同泥牛入海。

俺答汗退兵之后，武举会试改在十月举行。考试共分三场。在第一场徒步射箭和第二场骑马射箭的考试中，戚继光再次展现了百发百中的高超射术。

第三场考策论。两道对策是"攻守之道"与"奇正之变"，论题是"论北边形势与御敌之策"。

戚继光长期研读兵家典籍，熟悉边疆形势，又自幼跟随梁玠学习经史典籍与写作技巧。因此，第三场考试，对他来说也是信手拈来。

发榜那天，戚继光一大早就来到兵部门前看榜。他从状元的位置看起，依次向下。可是，在长达九十人的武进士榜单中，他来回找了几次，始终没有发现自己的名字。

正在万般颓丧之际，忽听得有人问道："敢问，阁下是戚继光戚将军吗？"戚继光回头一瞧，只见有个仆役又向另一个看榜人施礼问道："是戚将军吗？"

戚继光走向前去，说道："戚某在此。"

仆役笑着说："戚将军，请跟我来。"

看到戚继光探询的目光，仆役竖起食指放到嘴边，做了一个噤声的手势。然后，将他引到一处僻静的所在，说道："我家老爷说，将军一定会来看榜……"

"敢问你家老爷是？"戚继光问道。

"我家老爷是兵部的堂上官，但老爷说将军最好不要问他的名字。"仆役继续说道，"我家老爷让小的告诉将军，这次武举的主考官茅大人和王大人都很有学问。不过，这两位大人对边疆形势并不熟悉，对兵家之道也不在行。他们选拔的武状元未必是有用之才，这次落榜的人也未必不能是名垂青史的大将。"

戚继光知道所谓堂上官指的是尚书和侍郎，听了仆役的话，他已经猜出这位老爷大概是谁了，但他并不点破。

仆役又说："我家老爷还让我告诉将军，将军的《御房方略》和《备俺答策》，兵部的堂上官都十分赞赏，即将广泛刊行。将军的大名也已经被记录在兵部的将才档案之中。"

戚继光闻言心中一宽，落榜的阴霾逐渐散去。

赴浙抗倭

一

嘉靖三十五年（1556）。

与八月的骄阳相伴而来的是令人窒息的炎热，空气像是透明的棉被压在身上，闷得人透不过气。

戚继光到浙江一年了，可还是不习惯这里的潮湿和闷热。他没有去擦额头上的汗水，反正擦也擦不净。

身下的白马随着从征军士在崎岖的山路上缓慢行进，他盘算着，再有二十多里路，就到龙山所（位于浙江慈溪市）了，那里就是战场。

想到即将到来的战斗，戚继光有些莫名的兴

奋。自十七岁承袭指挥使以来，他还未曾得到上阵杀敌的机会。他进京参加武举会试那年，可能算是最接近战斗的一次了。当时，俺答汗兵临城下，参与守城的他与有心杀敌的将士枕戈待旦。不过，与进攻北京城相比，俺答汗更愿意劫掠周边村落。由于主持战局的大臣消极避战，在长达八天的时间里，俺答汗烧杀掳掠，如入无人之境。戚继光空怀杀敌之心，却无从施展，只能一次次将拳头砸在城墙的垛口上。

武举会试落榜后，兵部主事、兵科给事中、山东巡按等官员多次荐举戚继光，说他骑射精湛、勇略超群，堪当大任。然而，此后三年，他的情况并没有改善。他每年正月率领民壮从登州前往蓟镇（治所在今河北唐山市三屯营镇）参与春防，五月左右率众返乡。戚继光对这种往来奔波、浪费大好年华的情况颇有微词。他在行军途中写下"一年三百六十日，多是横戈马上行"的诗句。

嘉靖三十二年（1553），事情似乎有了转机。这一年，二十六岁的戚继光晋升为都指挥佥事，负责山东沿海的防倭事务。不过，倭寇主要在南方肆虐，他仍然没有得到上阵杀敌的机会。

两年之后，戚继光终于被调到了倭患严重的浙江，可是他的职务却从防倭变成了管理屯田。

事与愿违，为什么总是事与愿违？戚继光反复追问也找不到答案。他曾在狂风中仰天长啸，也曾在深夜里摇头叹息。不过，他从未放弃希望。功夫不负有心人，事情终于在嘉靖三十五年（1556）迎来了转机。

这一年，倭寇首领徐海联合新五郎、麻叶、助才门、日向彦太郎与和泉细屋等人，纠集五六万倭寇自日本出发，渡海劫掠中国东南沿海地区。由于途中遭遇了暴风雨，到达中国沿海的倭寇只有两万多人。

这两万多倭寇兵分三路：一路从海门登陆，杀奔扬州、京口等地；一路从淞江上岸，劫掠附近府县；还有一路闯过定海关，荼毒慈溪等县。

此时新任直浙总督胡宗宪手下仅有三千弱旅，前任总督招集的各地援军除了八百河朔兵与一千容美土兵（湖广土家族士兵）之外，都已撤出浙江。胡宗宪见凶倭大有席卷苏杭，进逼南京之势，便一面募集军士，一面打破常规，召集不同衙门的大小官员共商大计。

戚继光抓住了这次机会。他在分化倭寇、桐乡攻防等重大事务上积极谋划，赢得了胡宗宪的赏识。当年七月，朝廷决定在宁波、绍兴、台州三地设立参将，防御倭寇。在胡宗宪的推荐下，戚继光得到了这个职务。

身下的白马随着身无铠甲的军士前行，而军士组成的狭长队列在樟树和柏树之间缓慢移动。戚继光放眼望去，他看到一个头发斑白的老军被树根绊了个趔趄，又看到一个瘦弱的新军弯腰捡起脱手的长枪，还看到一个大汗淋漓、靠在杉树上的军士匆匆归队。

"战斗来得太快了。"戚继光想。七月，他出任参将。八月，被胡宗宪等人分化瓦解的倭寇彼此孤立，倭酋徐海在走投无路的情况下投水自尽。戚继光本以为可以有一段比较充足的时间训练手下将士。不料，很快传来消息，说徐海残部攻打龙山所，参将卢镗、游击尹秉衡、把总卢锜各率军士前往救援。

龙山所在戚继光的防区之内，得到消息后，他立刻率军增援。

军队六天前从台州府（今浙江台州市）出发，三天后翻过天台山，今天下午就能到达龙山所城。想到即将进行的战斗，戚继光心中五味杂陈。他自幼渴望领军作战，可是他做梦也没想到，第一次上阵杀敌，他率领的却是这样一支缺乏训练、缺少装备、没有斗志的弱旅。

"戚将军！"一位身材不高却颇为壮实的军官骑马赶了上来，他在马上向戚继光躬身施礼。

戚继光认出是把总邢镇，便点头示意。

"前面就是达蓬山，翻过达蓬山就是龙山所。"邢镇避开戚继光的眼睛，若有所思。

见邢镇欲言又止，戚继光说："你我共事的时间虽然只有一个月，但上了战场，我们就是同生共死的兄弟，你有话不妨直说。"

"戚将军来浙江时间不长，又是第一次跟这里的倭寇作战，"邢镇咬着嘴唇，犹豫了一下，"倭寇武器精良，行事凶残暴虐，而我军身无铠甲……"

邢镇望着戚继光，一边察言观色，一边掂量

着怎么往下说才得体。见戚继光平静如水，邢镇继续说："这次驰援龙山所的主力是卢镗将军，我们……"邢镇停顿了一下，"我们只要协助卢将军就可以了。"

"卢将军当年追随御史朱纨攻破倭寇巢穴双屿，去年又与俞大猷将军一道获得王江泾大捷。"戚继光说："像这样战功显赫的名将，我自当唯他马首是瞻。"

邢镇似乎终于鼓起了勇气，他靠近戚继光低声说："这里的兵打起仗来，怯懦得很，有时看到倭寇转身就跑，将军一定要多加小心。"

戚继光脸上的暖意顿时化作了寒霜，他斩钉截铁地说："谁敢临阵脱逃，必当军法从事！"

邢镇意味深长地笑了，像是在说"你还是太年轻了"。

戚继光假装看不出邢镇眼中的讥讽，若无其事地说："这次战斗有卢将军在，你我不必多虑。"

二

在翻越达蓬山的时候，隐隐传来鸟铳、弓箭、嘶吼混杂在一起的声响。戚继光下令，加速前进。

很快，三面环山，一面临海的龙山所城就呈现在眼前，战场上的喊杀声也更加猛烈了。

戚继光看到所城东面的石塘山上，有一支三千人左右的明军，那是游击尹秉衡的队伍；西面伏龙山上大约有四千明军，那是参将卢镗及把总卢锜的队伍。由于距离太远，戚继光无法根据旗帜判断，只能通过比较两支队伍的人数来推测。

数千援军的到来，让龙山所城的守军气势大振。他们高声呐喊，并用鸟铳、弓箭攻击城下的倭贼。

围攻龙山所城的倭寇约有八百人左右。他们停止攻城，两辆悬有撞木的高车缓缓后退。然而，数千明军的到来，并没有使他们产生四散奔逃的念头，他们仍然与守城明军对战。

明军的这次救援行动并没有指定的主将，戚继光与卢镗又同为参将，平级。因此，三支援军都没

数千援军的到来，让龙山所成的守军气势大振。

有马上采取行动。

倭寇见各路援军到齐之后并没有立即投入战斗，气焰更加嚣张。只见几个倭寇将一面大鼓抬到一名倭酋面前，倭酋将倭刀插入刀鞘，接过鼓槌，擂起战鼓。咚咚咚！四周的倭寇一时威势更甚。

戚继光恨不得一箭射死那个擂鼓的倭酋，但卢镗毕竟是抗倭名将，又比自己年长，因此他耐着性子，按兵不动。

终于，卢镗部率先发动进攻。戚继光令旗一挥，率领麾下将士杀向倭寇。那边尹秉衡的军队也发起了冲锋。

倭寇迅速兵分三路，方才擂鼓的倭酋带着一队倭贼与卢镗部交锋，另有两个倭酋分别率队迎战戚继光部与尹秉衡部。

擂鼓的那个倭酋最为凶悍，他挥舞倭刀将几名明军砍倒在血泊之中。一会儿工夫，卢镗部的先头部队竟被数量远远少于自己的倭寇冲得七零八落。

还没与倭寇展开肉搏的时候，戚继光已经注意到卢镗部的情况，他心中暗暗叫苦："如果九千明军败给八百倭寇，那岂不是天大的笑话！我不能下令撤军，不能！"他策马挺枪，冲向群倭。

然而，他很快发现本来冲在他前面的军士开始往回跑，他们边跑边喊："真倭，真倭！"

戚继光知道所谓真倭寇就是来自日本的倭寇，真倭的战斗力比那些加入倭寇的假倭要高出许多。

"真倭有什么好怕，跟我上！"戚继光大吼。可是，他的怒吼淹没在喧嚣之中。

逃兵越来越多，戚继光真想杀几个逃兵，提振士气。可是，法不责众。与此同时，他也不想手中长枪在今天刺出的第一滴血，是从麾下将士身上流出来的。

戚继光舞动长枪杀入敌群。他长枪向左疾刺，一名正要举刀砍杀明军的倭寇顿时毙命。还没等被刺死的倭寇倒在地上，他的长枪又刺入另一名倭寇的咽喉。他拨转马头，长枪横出，替一名军士解了致命的攻击，被救军士，顺势一刀砍在倭寇的脑袋上。

"戚将军，快撤！"被救的军士大喊。

戚继光手中长枪上下翻飞，先后结果了十几个倭寇的性命。无奈，寡不敌众。他一边奋勇杀敌，一边向聚集在身旁的几十名军士下令，"你们先走！"

"戚将军，我们一起走！"这几十名士兵对奋不顾身的将官无比敬佩，不肯抛下戚继光。

戚继光长枪疾出，连挑带刺，又击杀了两名倭寇。他调转马头，大吼一声："跟我来！"手中大枪上下翻飞，杀向倭寇。在突围的过程中，十几个身无铠甲的明军不幸阵亡。

看到戚继光等人突出重围，倭寇连忙使用鸟铳和弓箭射击，又有几个明军倒下了。戚继光翻身下马，抱起一名被铅弹打伤的军士，放在自己的马上。他在马屁股上一拍，马儿一声嘶鸣，向山边跑去。

戚继光带领二十多名军士向山边撤退，群倭紧追不舍。

突然，山边弓弩齐发，射向追击的倭寇。戚继光等人趁机与援军汇合。

"戚将军，"邢镇一边张弓搭箭一边说，"快上山！"

"不必！"戚继光镇定自若地说。他来到邢镇藏身的一块巨石后面，放下手中的长枪，从背后抽出弓箭。他放眼望去，只见西边的卢镗部与东边的尹秉衡部都已退到山上；龙山所中的守军并未开城出击，只是偶尔用射远器攻击射程之内的倭贼。

戚继光张弓搭箭，在二百多名发起冲锋的倭寇中寻找目标。很快他瞄准了那个身材高大、挥舞倭刀指挥冲锋的倭酋。他弯弓怒射，一箭正中咽喉。

倭酋毙命后，群倭大乱。

戚继光收好弓箭，拿起长枪，呼哨一声，白马应声而来。他翻身上马，大喊："邢镇率领鸟铳手和弓箭手掩护，其他人跟我冲！"说罢，便拍马向群倭杀去。那二十几个跟着戚继光突出重围的士兵，见状也呐喊着向前冲杀。

戚继光纵马疾驰，长枪起落，一转眼就击毙了两名倭寇。群倭没有想到明军会突然发起反冲锋，再加上领队倭酋已死、心慌意乱，很快便在戚继光等人的攻击下，四散奔逃。

"真倭跑了！杀！"二十几个明军高声呼喊，杀奔倭寇，长枪与大刀齐舞，十几名倭寇被明军击毙。

邢镇率领的鸟铳手、弓箭兵，也在与戚继光等人保持一定距离的情况下向前推进。

　　戚继光一边追杀，一边观察战场形势。他看到另外两股倭寇，放开退到伏龙山与石塘山的明军，转身向达蓬山这边杀来。

　　戚继光大喊一声："撤到山上，我断后！"他挥枪刺透一名倭寇的胸膛，又一枪挑死了另一名手舞倭刀的贼寇。

　　在邢镇部队的掩护下，戚继光等人撤到山边。生还的军士与戚继光在山边巨石后集合。然而，部分射远部队的兵士见倭寇集中兵力向达蓬山冲杀过来，一边高喊："戚将军，快撤！"一面飞也似地向山上跑去。

　　戚继光吩咐一个受伤的军士将他的马牵到山上，又命令剩下的十几名军士分成两组，一组持藤牌、长刀，一组用鸟铳、弓箭。

　　戚继光放下长枪，抽出弓箭，瞄准了那个曾在阵前击鼓的倭酋。嗖的一声，羽箭疾飞，贼酋应声毙命。

　　被戚继光射死的倭酋似乎在群倭中地位颇高，

不少倭贼号啕大哭。几个无心恋战的倭贼试图转身逃走，但都被另一个手持双刀的倭酋砍翻在地。

倭酋一声令下，群倭不再冲锋，而是使用射远器，集中攻击戚继光等人所在的地方。

邢镇见又有五六个士兵倒在血泊中，焦急地喊道："戚将军，快撤！"

"不必！"戚继光斩钉截铁地说，"卢镗将军已经率兵杀过来了，我们再坚持一下就能反败为胜！"

戚继光叫过三名军士，吩咐了几句。只见两名军士将藤牌架在巨石上面，剩下的一名军士俯在巨石上，弓背弯腰。

戚继光透过藤牌的缝隙，找准了目标。他大喝一声，一跃而起，跳到了躬身军士的背上。两边的藤牌手突然将两面藤牌撤出一道空隙，早已拉满弓弦的戚继光猛然发力，羽箭破空而出，箭杆没入双刀倭酋的右眼。转瞬间，两面藤牌复位，戚继光跃回原地。

三名倭酋先后中箭毙命，倭贼群龙无首、无心恋战，又见伏龙山与石塘山的明军先后冲杀过来，群倭争先恐后地逃向海边的十几艘双桅倭船。

"戚将军，我们追？"眼见转败为胜，邢镇大喜过望。

"追，但先你召集一下逃到山上的兄弟。"戚继光平静地说。

邢镇从一个军士的手中接过号角，用力吹了起来。逃到达蓬山上的军士眼见胜局已定，又听到号角的召唤，纷纷下山聚集到戚继光身边。

戚继光令旗一挥，率军与卢镗部、尹秉衡部汇合。龙城所的守军也打开城门，加入追逐倭寇的队伍。

在倭船上的鸟铳、弓箭的掩护下，部分倭贼仓皇上船，扬帆逃走。来不及上船的倭寇有的被射落水中，有的在岸边被明军击杀。

三

嘉靖三十六年（1557）十一月。

夕阳的余晖映照在金色海面上，波光粼粼，一只苍鹭张开翅膀，缓缓落在舟山岛西岸的海滩上。

戚继光望着停泊在岑港的大小倭船忧心忡忡。在若干双桅倭船、鸟嘴倭船、快马小倭船之中，一艘巨舰显得鹤立鸡群。巨舰的船舱仿照城堡的形制修建而成，楼橹、城门一应俱全。号称"徽王"的倭寇大酋王直就在这艘巨舰之中。

"戚将军！"一艘哨船靠近岸边，哨船上的把总梅奎躬身施礼。

哨船载着戚继光等人来到一艘停泊在海面上的高大战船旁边。这是一艘尖底的福船，虽然没有王直的巨舰那么夸张，却足以令普通倭船相形见绌。

戚继光在船上军士的引导下登上战船，梅奎紧随其后。

这是戚继光今天检阅的第二十五艘战船，也是最后一艘。在检查了风帆、桅杆、火炮等船上的重要装备之后，戚继光对梅奎说："一定要密切关注王直的动向。如果王直逃离岑港，立刻追击。"

"得令。"

"晚上继续派哨探查看动静。招抚大计是否可成，近日就见分晓，千万不能松懈。"戚继光威严地盯着梅奎。

梅奎频频点头，见戚继光神色有所缓和，便壮着胆子问道："戚将军，这王直今年五月就到了岑港，这都快半年了，他怎么还不降啊？"

"这件事胡总督、卢副帅自有安排，咱们干好分内的事就行了。"

"是，"梅奎躬身施礼，"全凭戚将军吩咐。"

戚继光回到岸上，接过随从递过来的缰绳，翻身上马，向岛内的陆地防区奔去。

舟山岛上丘陵密布，已经晋升为副总兵的卢镗在靠近岑港的山丘上设置了四道防线。所有可能使停泊在岑港的倭寇窜入岛内的道路都驻军设防，防线内的每一座山丘上都有哨兵瞭望。

戚继光主要负责西部防区，他视察过防区内的主要墩台之后，夕阳已经沉入海中。他拨转马头，迎着强劲的海风，向东南方向的镇鳌山飞驰而去。

戚继光策马进入建在山上的舟山城，直奔定海卫衙门，这里现在是卢副总兵办公的地方。

戚继光与卢镗略作寒暄之后，简洁地报告了防区的情况，须发皆白的卢镗一边侧耳倾听，一边频频点头。

"戚将军，"卢镗的脸上带着笑意，"你我自去年龙山之战相识以来，一见如故。你练达、稳重，有你主持防务，老夫就放心了。"

"卢帅过奖了。"戚继光抱拳施礼。

"有句话不知当讲不当讲？"年近六旬的卢镗身体前倾。

"卢帅但讲无妨。"

"听说尊夫人还留在岛上？"

"是的，我反复劝她，她就是不肯走。"

"多想想办法。如果王直不降，必有一场恶战，尊夫人留在岛上不安全。"

戚继光点头称谢。

卢、戚二人又谈起了龙山之战的往事与王直一伙万一窜入岛中的应敌之策，随后，戚继光动身离开了。

戚继光回到舟山城中的住处时，王氏已经准备好了晚饭。两只清蒸梭子蟹，几条干炸小黄鱼，一碟海带和一碟花生，四个馒头和一壶酒。

"相公你回来了，"王氏一边上前帮丈夫脱铠甲一边说，"辛苦一天了，快吃饭吧。"

"夫人，今天怎么这么丰盛啊？还有酒！"

"给你补补身子。"王夫人笑道，"再说，在这海岛上想吃点儿青菜不容易，可要说吃点儿鱼鳖虾蟹那还不简单。"

戚继光坐定后，王氏将一只梭子蟹塞到他手里，说道："相公，今天听岛上的人说，胡总督断了王直的后路，王直很可能会狗急跳墙杀到岛上来。我告诉他们王直上不了岛，可他们就是不信。"

她又给丈夫斟满了酒杯，继续说道："前阵子城东的张家、吴家已经跑到宁波府的亲戚家去避难了，隔壁老孙家也想跑，只是找不到肯收留他们的地方。"

"夫人，"戚继光端起酒杯说，"要不你也去宁波吧，岛上不安全。"

"你休想赶我走！"王氏剑眉一拧，劈手夺过戚继光放在桌上的酒杯说，"你要是再敢让我去宁波，这酒你就别喝了。"

"夫人，上阵杀敌，战死疆场，都是我分内的事。"戚继光正色道，"但是，你没有必要留在这里。"

"你能做忠臣，我就不能做烈妇吗？"王氏一手端着抢过来的酒杯，一手拍着桌子说道。

"好，不愧是我的好夫人！"戚继光被夫人的大义凛然打动了，他动情地握住她拍在桌子上的手说，"你想住在哪就住在哪，怎么样？"

王氏转嗔为喜，将酒杯递到戚继光手里，说："我要是怕死，待在登州老家多好，哪里还用去什么宁波府啊。你也不想想，我为什么跟你跑到这么远的地方来？"

"我这个人啊，"戚继光咂了一口酒，"忙起来连饭都想不起来吃。更何况这南方的菜我又吃不惯。多亏有夫人照料，要不还真够我受的。"

"相公，"王氏正色道，"你说那王直在日本过着王侯一般的生活，他跑来岑港干什么？有人说王直是为了妻儿老小才想要接受招安，我看没这么简单。他要真是为了妻儿老小，就别下海走私，别干那些杀人越货的勾当啊！"

"这是军国大事，你不懂。"戚继光摇摇手。

"有什么不懂的！"王氏瞪着眼，不服气地说，

"不就是胡宗宪派了个叫蒋洲的门客把王直从日本赚回来了嘛，岂料同来的日本和尚没带勘合，这个蒋洲倒先被抓进大牢了。这胡宗宪，人家漂洋过海给他办事，结果出了纰漏他就撒手不管了。相公，我看这个人靠不住，你得小心他点儿。"

"别胡说。"戚继光早就习惯了妻子心直口快、争强好胜的性子，柔声道，"夫人，你也别光顾着说话，来，吃点儿这小黄鱼，味道很好。"

"哼，你也不看是谁做的！"王氏笑着接过丈夫夹给她的鱼吃了一口。

"夫人，"戚继光语重心长地说，"官场上的事，复杂着呢，别说你不懂，其实连我都搞不明白。"

"不就是尔虞我诈嘛，有什么搞不明白的！"王氏又说，"相公，你说那王直是不是想让官府允许他从事互市贸易啊？我听有些人说，如果开放了贸易，倭寇就不会烧杀抢劫了！"

"又胡说。"戚继光放下酒杯，"开放贸易强盗就变成生意人了！"

"谁胡说了。"王氏撇了撇嘴，"我听当地人说以前所谓的倭寇主要是一些做走私贸易的人。上岸劫掠的事情并不常见。从嘉靖三十一年开始，事情发生了变化。那一年，官府拒绝了王直开放贸易的请求，王直没办法，就打算接受招安。他协助官府剿匪，结果官府只赏给他一百石大米，这跟打发叫花子有什么区别！听说他当场就把那些米倒进大海，此后便开始组织倭寇上岸劫掠。"

"强盗要抢劫，总能找到理由。再说，无论对官府有什么不满，也不能拿老百姓出气啊。这些年被倭寇残害的老百姓少说也有几十万了，他们找谁说理去！"

"相公，你说得对。谁也不该拿老百姓出气。"王氏若有所思地说，"可是，如果当年招抚了王直，这些冤死的老百姓可能就不会死了。"

"招抚了王直，倭寇就平息了，哪有这么简单。"戚继光严肃地说。

"是吗？那胡宗宪为什么要下这么大功夫招抚王直啊？"王氏反唇相讥。

见戚继光一时语塞，王氏继续说道："听说那王直有智谋、讲义气，倭寇都听他的。招抚了王直不就万事大吉了？"

"我觉得招抚王直并没有那么重要。"戚继光放下筷子，"很多倭寇听王直的，那是因为王直能给他们带来利益。一旦王直接受招抚，他就得协助官府去打倭寇，那时倭寇还会听他的吗？照我说，倭乱闹得这么凶，不是王直一个人造成的，也不会因为王直一个人结束。"

"看来你这是不赞同总督大人的宏谋远略啊。"王氏笑道。

戚继光没接茬，似乎是默认了。

"相公，"王氏道，"那你说怎么才能彻底解决倭乱呢？"

"练兵！"戚继光眼露精光，斩钉截铁地说，"贸易安抚不了强盗，招抚也不能解决问题。只有兵力强大了，倭寇才不敢来打我们的主意。"

杀贼练兵

一

嘉靖三十七年（1558）四月。

晨光熹微，细雨蒙蒙，戚继光推开房门，快步走向城外的校场。一路上，他没有遇到一个行人。王直虽然在去年十一月离开倭船，只身到舟山岛接受招抚，但他在临行之前，坚持要求胡宗宪事先放回他的养子王滶。当王直最终被押送大牢后，王滶与王直带来的数千倭寇一直留在岑港，居心叵测。停泊在石牛港的日本使僧德阳及其部下坚持与王滶等人共进退。今年正月，戚继光受命敦促德阳回国，但德阳不为所动。二月，德阳所部吴四郎等人还与王澈手下的五百多名倭寇，翻过舟山岛上的西高岭，发起了一次小规模的偷袭。虽然明军击退了这次进攻，但舟山城中人心惶惶。

校场在城东一里左右，本是驻守舟山群岛的中中、中左两个千户所训练的地方。不过，在去年十二月戚继光在这里练兵之前，很少有军士来到这里。

戚继光走进辕门，直奔校场中间的演武厅。在将台前面整齐排列的，并不是同他一起参加龙山之战的军士。早在去年二月，他就提出了训练浙江军士的建议。不过，直到去年十二月，总督胡宗宪才将分巡道曹天佑从临山卫与观海卫挑选出来的三千军士交给他。

戚继光从东侧的台阶登上将台。三通鼓声过后，将台前的千总、把总依次跪拜。戚继光挥挥手，众将官各归本部。

"将士们，"戚继光对着将台下排列整齐的队伍朗声说道，"我们今天主要训练战斗技能。战斗是军人的职责，是军人就该擅长战斗。天下太平的时候，你们不擅长战斗也死不了。可如今倭寇横行，你们不擅长战斗连自己的命都保不住！四个多月了，我反复跟你们说，战斗技能不是与生俱来的，而是靠刻苦训练得来的。因此，无论是为了剿灭倭寇，还是为了你们自己，都必须刻苦训练。我再强调一遍，千万别指望靠当逃兵来保命！无论是谁，胆敢临阵脱逃，定斩不饶！"

戚继光的目光威严地扫过整个校场，将台下鸦雀无声。

"今天我就讲到这里，开始训练！"戚继光话音一落，旗台上彩旗招展，鼓号齐鸣。

刹那间，校场上热闹非凡，不同兵种的战士各展所长。弓箭兵、鸟铳手比拼射术，长枪兵演练实战套路。配备腰刀、标枪的藤牌兵在舞动藤牌的同时还不时抽刀劈砍，有时他们突然将腰刀插入藤牌内侧的挽手上，掷出标枪后，又迅速抽出腰刀上下挥舞。

一个时辰过后，进入同兵器对打环节，兵器的碰撞声、士兵的呐喊声此起彼伏。弓箭兵、鸟铳手也抽出腰刀参与训练。

戚继光满场巡视，时而指出士兵在对打中存在的问题，时而耐心讲解动作要领，有时甚至会反复做出示范动作。

呛啷一声，长刀脱手，一个高高瘦瘦的青年倒在地上。戚继光认出是他的亲兵，便笑着扶起他说："柳清，两军相争勇者胜。不要怕与对方对砍，他狠你得比他更狠才行。你刀法不错，就是胆子太小。今后除了练刀，还得练胆！"

"戚将军教训得是！"青年红着脸说。

戚继光转身向柳清的对手伸出大拇指，说："汤加一，好样的！"

汤加一憨厚地笑了，搔着头发，嘴巴开开合合，却不知该说些什么好。

"戚将军，"一个气喘吁吁的军士跑了过来，将一封信交给戚继光，"总督大人的信。"

戚继光将信揣入怀中，向演武厅走去。在后堂落座后，他才掏出胡宗宪给他的信。这封信的主要意思是说，倭寇劫掠温州、台州二府，命戚继光即日率军前往救援。戚继光眉头一皱，暗想："战斗怎么总是来得这么快。唉，算了，以战代练吧。"

戚继光若无其事地回到校场，照常指导将士训练，直到午时，他才走到将台上大声宣布："今天下午的实战演练取消，我们要上战场，真刀真枪地痛宰倭寇！大家现在回去收拾行李，明天一早，我们乘船出海，驰援台州。"

戚继光回到住处时，妻子已经备好了午饭。

王氏边帮丈夫脱铠甲边说，"你今天跟平时不大一样，是不是有什么事啊？岑港的倭寇又发动偷袭了？"

戚继光在饭桌前面坐定后，接过妻子塞到手里的馒头说："岑港那边没什么动静，胡大人也真沉得住气。"戚继光叹了口气，欲言又止。

"胡宗宪理亏，他和王直都是徽州人，却打着同乡的幌子欺骗王直，说什么要招抚，要厚赏，结果王直一上岸，就把他抓进大牢了。还说什么'计擒'巨酋。王直是罪有应得，可这胡宗宪也太不厚道了。相公，你得防着点儿，这厮翻脸不认人。"

"我说过多少次了，"戚继光放下粥碗，"这官场上的事你不懂。胡大人要是真的招抚王直，准有人说他通倭，到时候恐怕他就自身难保了。"

"不懂就不懂吧，反正我也不想懂。"王氏斜了丈夫一眼，"不管怎么说，胡宗宪这个人，你得防着点儿。"

"人无完人，不能求全责备。胡大人担任总督以来，任用俞大猷、卢镗等名将，筹办军马钱粮，积极抗倭、防倭，功绩不小。至于王直的事，我想胡大人也有不得已的苦衷。"

"好吧，看在他也重用你的面子上，我就不说他坏话了。"王氏笑道。

饭后，戚继光说："夫人，我明天要去台州、温州剿倭，你先回宁波住一阵儿，如何？"

"不去。"王氏道，"你去哪，我就去哪。"

"行军打仗，没有固定住处，你总不能住在军营里吧。"戚继光严肃地说。

"我在新河所有个远亲，我就住在他们家吧。"王氏似乎很庆幸她在新河所有这门亲戚。

"不行，那里不安全。"戚继光摇摇手说。

"哪里安全？登州倒是安全，可我现在还不想回去。"

"还是去宁波住一段时间比较好。"戚继光语重心长地说。

"在军营里，你说了算。可是，在咱们家，我说了算。我说去新河所，就去新河所。"王夫人说罢，自顾自地收拾碗筷去了。

二

万里无云，海天一色。

二十余艘战船载着三千名军士在台州府境内的海门卫附近停了下来。戚继光帮夫人收拾好行装，准备换哨船上岸。夫人也反复叮嘱他，要注意安全，要保重身体。

忽然，岸上一名军士飞奔过来，对着岸边的哨船喊话。船上的士兵问清对方来自海门卫后，就将这名军士载到了一艘高大的福船上。

海门卫的军士见到戚继光后，躬身施礼，说："启禀戚将军，倭寇已经在温州府登陆，他们大概有三四千人，一路烧杀劫掠，无恶不作。"

海门卫的士兵告退后，戚继光对夫人说："本来我打算在台州府登陆。按照原定计划，我们可以一起下船，再看看有没有机会顺便送你去新河所。

可现在军情紧急，我要率军前往乐清。"

"那我就跟你去乐清。"王氏道。

"我的好夫人，这里离新河所近，而乐清在温州府，离新河所远着呢。再说，目前台州府没有倭寇，你在这里下船比较安全。"

"那我到新河再下船不行吗？"

"新河的港口又浅又窄，不要说福船，大一点儿的船都无法靠近。再说新河所也不在海边，你在这儿下船和在新河下船要走的路差不了多少。"戚继光耐心地解释。

王氏叹了口气说："好，那我就在这里下船吧。"她突然鼻子一酸，又说，"你要活着回来见我，听见了吗？"

戚继光点了点头，握住夫人的双手说："放心吧，你也要多加保重。"

王氏抽回双手，说："我这就下船。"

"等一下。"

戚继光将亲兵柳清叫到身前，说："你这个人胆子虽然小，但做事谨慎，人又机灵。辛苦你一趟，将我夫人送到新河所。"

戚继光与妻子依依惜别。

"遵命。"柳清恭敬地说。

王氏和柳清上岸后，戚继光下令立刻起航，兼程前进。只见王氏挥动双手的身影越来越小，蓦然间，已不见踪影。

戚继光与两千陆兵在乐清上岸的那天，晴空万里，第二天上午也是艳阳高照。午时，戚继光率军途经白马村时，天上突然飞来几片乌云，顷刻间大雨倾盆而下，戚继光不得不下令原地待命。

不久，几个头戴斗笠、身穿蓑衣的村民来到戚继光面前，一个须发皆白的老人说："将军，小的是里长李日根，请将军快到寒舍避避雨吧。"

"老人家，"戚继光抹了一把脸上的雨水，"戚某不让将士们擅入百姓家，戚某怎么能一个人避雨呢。快回去吧，这雨太大了。"

一位村民为戚继光送来了一把大伞，戚继光抹了一把脸上的雨水，说："将士们都淋着雨，戚某也不忍心打伞。再说，军士太多，村子里也不可能有那么多雨具，快回去吧。"

李日根激动地说："像你这样的将军，太难得了！有些个将领，还有他们带的兵，比倭寇还坏呀。他们烧杀抢劫，什么坏事都做得出来。唉，最可恨的，就是砍我们老百姓的脑袋去报功领赏啊！我孙子就是这么死的……"

在一道闪电的映射下，戚继光看到老人皱纹密布的脸扭曲而苍白，那怨恨、悲愤与无奈交织在一起的眼神，令他五味杂陈。他扶着老人的肩膀，说道："戚某绝不允许任何人冒功领赏！"

太阳下山的时候，雨也停了。戚继光下令在村口扎营。

第二天，风和日丽，几朵白云点缀着蔚蓝的天空。早饭后，喇叭手吹起集合列队的简短旋律。待队伍在军营前列队完毕后，戚继光朗声说道："将士们，我们在舟山练兵四个多月，现在，上阵杀敌的时候到了。就在大家吃早饭的时候，倭寇已经到了盘石卫附近的乌牛山。我军兵分三路，要一举歼灭这伙倭寇！"

戚继光派遣千总刘意自白塔挺进，把总胡守仁沿瓯江进军，两支明军对乌牛山上的倭寇形成左右包夹之势。戚继光亲率大军，由中路兼程前进。

三路大军抵达乌牛山时，群倭发觉明军士气高昂，锐不可当，便主动撤离。群倭一路狂奔，越过馆头镇，一直撤到楠溪江与瓯江交汇的地方。他们在楠溪江对岸，以水为险，安营扎寨。

追至楠溪江畔的戚继光吼道："有没有敢涉水冲锋的勇士？"

"有！"

队长汤加一等将士，毫不犹豫地跳入水中，冒着铅弹、箭矢向对岸游去。在游到对岸江水齐腰的地方时。他们涉水发起冲锋，群倭见状也跳入水中与明军展开肉搏。

左肩被鸟铳打中的汤加一奋勇当先，大刀拦腰斩向一个冲到水里的倭寇，敌人的鲜血染红了江水。突然他大腿一凉，只见一个潜入水中的倭寇正从他腿上拔出匕首。他忍住剧痛，看准方位，刀尖向下垂直向江面一抛，在刀尖坠入水中的一瞬间，他反手握住刀柄奋力向下刺去，刀身刺入水中倭寇的脖颈。还来不及感受复仇的喜悦，他的后心已被倭刀刺破。他没有力气转身了，便死命抱住迎面冲过来的一个倭寇，将他拖入水中，压在身下。直到对手不再挣扎，他才在水中闭上了眼睛。

群倭发起反冲锋时，明军一度有些慌乱，甚至有人临阵脱逃。不久，已游过深水区的戚继光等人加入战团。主帅及大批援军投入战斗后，明军士气大振，人人奋勇争先。

数百倭寇倒毙，鲜血不断在奔流的江水中漂移、稀释。这些倒毙的倭寇，有被明军斩杀的，有重伤后溺死的，也有被争相逃窜的同伙推倒在水中淹死的。

岸上的倭寇见状遁入深山，随着夕阳消失在丛林之中。

第二天，戚继光率军回到盘石卫。

戚继光坐在盘石卫衙门里，双手搭在身前的案桌上。他传令，斩获首功的军士依次前来接受检验。

没有人喜欢检验这些陌生人的首级。即使他们曾经长在倭寇的脖子上，如今也不过是散发着腥臭的人头。戚继光耐着性子，逐一查看。

"咦，这颗首级上的眼睛怎么瞪得这么大？"戚继光心想。他抬头盯着提来首级的军士，问道："你叫什么名字？"

"刘老七。"高大魁梧的汉子答道。

"刘老七，"戚继光若无其事地说，"你先留一下，我一会儿有话问你。"

戚继光继续检验其他首级，没再发现什么蹊跷。他命人将斩获首功的将士姓名记录在案，作为日后接受朝廷赏赐的凭证。

领赏的人不包括刘老七，他带来的那颗首级也被留了下来。

"刘老七，"戚继光面沉似水，"你这颗首级是怎么来的？"

"什么？噢，戚将军，"刘老七目光闪烁，"这是颗倭寇的首级。"

"我没问这个，"戚继光蓦然想起白马村老人那幽怨、绝望的眼神，想起他那被冒功恶军砍了头的孙子，"我问你这颗首级是怎么来的？"

"怎么来的？是我，是我砍的。"士兵抹抹额头上的冷汗，结结巴巴地说。

"来，"戚继光将案桌上的首级转向刘老七，"你看着他的眼睛说，这颗首级是怎么来的？"

高大汉子的目光不敢与首级上的双眼相对，只是反复地嘟囔着"这是倭寇的首级"。

戚继光一拍案桌，厉声道："刘老七，杀害良民，冒功领赏是死罪，你知道不知道？"

"我，我知道，"汉子低头看着地面，"可，可这是倭寇的首级，倭寇的……"

"来人，先把他押起来。"戚继光喝道。

站在大堂中的几个亲兵将刘老七捆了起来。

"全军集合，传验首级。"戚继光下令。

戚继光大步走出衙门向集合完毕的队伍走去，几个亲兵押着刘老七，一个年轻军士用木盒装着那颗瞪大双眼的首级跟在后面。

戚继光在队伍前面站定，高声说："冒级是死罪，这一点大家都清楚！"他用手指着被那名年轻军士捧在手中木盒，"你们看，眼睛瞪得这么大，肯定有冤情。还有，这颗首级的头发看起来似乎和倭寇一样，是剃光头顶的髡发。可这颗首级的头顶有的地方还留着参差不齐的头发茬，有的地方又有被刀割破的新疤。我断定这是冒级。"他用手一指刘老七，"为了让这个畜生心服口服，我要全军传验首级，我就不信没人知道这颗首级的来历。你们看仔细了，想想有没有在哪里见过这个人。"

戚继光一挥手，那名捧着木盒盛的军士来到第一排最右侧的几名军士面前。看到他们纷纷摇头，便由右至左，由前向后依次传验。

一炷香的功夫，一个接过木盒的军士被另外两人搀扶着来到戚继光面前。捧着木盒的军士泪流满面，哽咽着说不出话来。

"你叫什么名字？告诉大家，这是怎么回事？"戚继光平和地说。

那名军士瘫坐在地上，抱着木盒，哭道："我叫，张松。"胡须稀疏的军士望着木盒中的首级，"这是我弟弟，他叫张枫，他被倭寇砍伤了，还没死。"他突然指着刘老七，哭喊道，"他还没死啊！你这个畜生就把他脑袋给砍下来了！"说罢，他抱着木盒，泪如雨下。

"张松，"戚继光问道，"我问你，你既然知道刘老七砍了你弟弟的人头，你为什么不告发他。"

张松抱着木盒说："都是哥哥不好，都是哥哥不好……"

"张松，你个孬种！"刘老七涨红了脸，

又骂了句脏话，"要不是你临阵脱逃，汤队长能死吗？"

"戚将军，"跪在地上的刘老七用膝盖向戚继光挪动了几下，"我刘老七是该死，可他张松是个逃兵，也该死！"

"你用逃跑的事威胁张松，让他不敢告发你，对吗？"戚继光冷冷地问道。

刘老七低下了头，说："戚将军，我实话跟你说，那张枫虽然没死，但肠子都流出来了，肯定活不成了。"

戚继光上前狠狠地踢了刘老七一脚，说："别说没死，就是死了，你也不能割同伴的头！张枫没死在倭寇手里，却死在你这个畜生手里！"说罢，又是两脚踢在刘老七身上。

"我知道自己难逃一死，"刘老七说，"但临死前我得把话说明白。"他对着张松的方向，朝地上狠狠地吐了一口唾沫，"昨天，我们跟着汤队长最先冲了过去，一群倭寇杀过来。汤队长带着我们跟倭寇血拼。这张松本来跟在汤队长身后，可是他看倭寇人多，掉头就跑。结果，一个倭寇绕过来从背后给了汤队长一刀……"

戚继光义愤填膺，恨不得也狠狠地踢张松几脚，但看着他抱着木盒的可怜相，又打消了这个念头。

"我昨天真的砍死了一个倭寇，可还没来得及砍下首级，"刘老七用手一指张松，"却被这个不知道什么时候又跑回来的家伙给抢了去。我气不过，正好看到他弟弟伤得很重，倒在了水里，我就……"

想到奋勇当先的汤加一因为同伴退缩而死于敌手，听着这砍下同伴脑袋的荒诞情节，戚继光百感交集。他不再理会刘老七，也没再看张松一眼。

他当众宣布："军法不是儿戏！冒级者，斩！临阵脱逃者，斩！来人，将李柱、王二狗、黄麻子、陈鱼儿给我押上来。"不久，李柱等四人被五花大绑，押了过来。

"这四个人和张松一样，都是逃兵。"戚继光高声宣布，"来人，将他们四个和刘老七、张松一起推出辕门，枭首示众！"

当夕阳的余晖落在挖好的葬坑上，戚继光正在用楠溪江的水为汤加一擦拭遗体。汤加一的左肩被鸟铳的铅弹打得皮开肉绽，他的右腿被锐器刺了一个大洞。看到他后心的刀伤，戚继光鼻子一酸，想起如果不是他身后的队友临阵脱逃，他可能就不会死。

擦净遗体之后，戚继光亲手为汤加一穿好衣服，又脱下自己的锦袍披在汤加一身上，之后才与几个军士一起将汤加一抬入葬坑，周围将士将泥土填入坑中。慢慢地，英雄的身躯被掩埋在黄土之下。

戚继光跪在坟前祭拜，失声痛哭。周围的将士也纷纷上前祭拜，有人强忍悲伤，有人默默流泪，也有人放声大哭。

夕阳将晚霞染成绯红，宛如英雄洒在楠溪江中的鲜血。

三

嘉靖三十八年（1559）五月十一日。

一道闪电撕开了台州府太平县的夜空，闷雷还没炸响，大雨已倾盆而下。

县城东郊的一座军帐内，戚继光放下刚放到嘴边的酒杯，静待雷声炸响。俄而，轰的一声，巨雷犹如数门火炮同时开火。

"这雨怎么又下起来了！真受不了。"坐在饭桌对面的戚继美抱怨道。

"受不了，就赶紧回登州读书去。"戚继光发觉自己的语气有点儿重，又说道，"继美，打仗不是闹着玩，是会死人的。"

"大哥，"戚继美不服气地说，"我没闹着玩，半个月前，我跟把总任锦搜山的时候，还宰了几个倭寇呢。"

"你现在是登州府学的生员，不好好在家读书，偏到我这里来胡闹。"

"我不喜欢读书，我要像大哥一样上阵杀敌。"

"唉，不知道你怎么买通了你大嫂。要不是她非得让我带上你……"

"大哥，我也没给你丢脸啊！"戚继美敬了兄长一杯，接着说，"大哥，你现在可真威风。都指

杀贼练兵　**59**

挥戴冲宵的鸟铳队，指挥卢镝、张佑的队伍，武举丁邦彦的义军，还有都指挥祈云龙的广东兵，都归大哥统一指挥。不过，有件事我搞不明白，大哥已是浙江抗倭的主帅了，怎么还是个参将啊？"

"参将怎么了？不耽误打倭寇就行了。"

"说起打倭寇，大哥可是行家。"戚继美兴致勃勃地说，"别看胡总督从各地调来那么多援军，可是真说打起仗来，还得靠我大哥。"

"那些军队平时缺乏训练，跟我们的队伍比不了。"戚继光突然又叹了口气，不再往下说了。

"那是肯定比不了啊。远的不说，就说我跟大哥从宁波出军这次，这都打了多少胜仗了！章安、栅浦、桃渚、海门、新河……都数不过来了。"

"大哥，"戚继美犹豫了片刻，说，"我有个不情之请……"

"你要是想一直赖在军营里，不回去读书，那可不成！"戚继光连连摇手。

"打完明天的仗，我就走。"

听弟弟突然说要走，戚继光又有些不舍，说道："继美，我这些年在浙江抗倭，没时间照顾你。我不是不想跟你朝夕相处，只是这行军打仗既艰苦，又危险。你回去好好读书，将来考个功名，光宗耀祖。"

"大哥，"戚继美动情地说，"你离开登州这些年，要不是靠着你指挥使那份俸禄，我恐怕连饭都吃不上，更别说读书了。"

"指挥使这份俸禄是祖宗传下来的，拿来给你读书也是应该的。以后有什么需要，随时跟我说。"

"我说的不情之请不是向你要钱，"戚继美怕大哥误会，连忙说，"我是说日后朝廷见你战功显赫，会再封你一个世袭武官，你先把这个官职借我。我日后立了功，就会有自己的官职，到时候我就把官还你。绝不会耽误二侄子承袭这个职位。"

"还二侄子？大侄子还没有呢。"戚继光自顾自地喝了一口酒。

"大侄子可以继承祖传的指挥使……"

"我答应你。"戚继光一挥手，"也不用什么借啊，还啊的。"

"多谢大哥成全！"戚继美双手举杯，高高端起，郑重其事地说："我一定会还的！"

"目前你说的这个事还没影儿呢，回去还得先好好读书。"戚继光又问，"你为什么想明天走？"

"大哥，你以为我什么都不懂吗？"戚继美得意地说，"昨天的新河之战，是这次剿倭的决战。这一仗打得他们吓破了胆。大哥率军冒雨赶到太平，就是为了明天在南湾彻底解决这股倭寇。"

提起昨天的新河之战，戚继美兴致盎然。他说："大哥，你昨天布置得太巧妙了。先是派人在城西诱敌，摆出要抄敌人后路的架势。待敌人向城西集中时，又亲率精锐从南门出城，攻击敌军重地顾牛桥。待敌军跑回城南来防守时，我们的东、西两路大军已经包抄到位，将倭寇围在河边了。他们本想退到船上去抵抗，可是被我们的火炮打沉了两艘大船，只得又跑回来交战。结果还是被我们杀得落花流水，贼船也都被我们焚毁了。"说到得意处，戚继美纵声大笑。

"继美，你如果日后做个士大夫那也就算了。"戚继光语重心长地说，"如果要做武将，你千万记住，骄兵必败。"他叹了一口气，又说："现在，不只是你，整个队伍都有这种骄气，这不是什么好兆头。再说，临阵脱逃的现象，还是比较严重。我们不能因为打了一些胜仗，就忽视这些问题。"

"有那么严重吗？大哥你要求太高了，我觉得战士们挺勇敢的。"

"打得顺的时候是挺勇敢。可是一到敌人发狠，上来搏命的时候，总有一些人转身就跑，结果真正勇敢的战士就被这些懦夫害死了。去年的汤加一，今年的胡元伦都是被逃兵害死的。不能再放任自流了。"戚继光仰天长叹，浓眉紧缩，似乎内心深处正在进行激烈的思想斗争。

"大哥，军队里总会有些胆小鬼，你犯不着跟他们生气。"

"胡说！"戚继光一拍桌子，"如果不闻不问，逃兵就会越来越多，而英雄就会越来越少。到时候，谁还敢往前冲。一支连同袍都信不过的军队，怎么能够打胜仗！"

戚继光似乎已经做出了抉择，他端起酒杯对弟弟说："继美，干了这杯咱们就睡觉，明天还得打仗呢。"

四

第二天清晨，天空阴郁、云层厚重。戚继光站在队伍前，说道："两军交锋勇者胜！将士们，如果你身边的军士是个懦夫，你还敢冲锋陷阵吗？如果连同袍都无法信任，还能打胜仗吗？"他停顿了一下，突然喝道："来人，把柳清、张小虎、孙麻子、赵二柱……给我带上来。"

一众亲兵押着十二名逃兵来到军前。

戚继光对逃兵说："你们从舟山练兵算起，跟了我两年，柳清更是我的亲兵。你们岂能不知当逃兵的后果。可是，你们在新河之战中，还是临阵脱逃了……"

"戚将军，"柳清哭喊道，"小的不敢了，请将军饶我一命，我家里还有六十多岁的老母亲呢！戚将军开恩，戚将军饶命啊！"

有几个逃兵也跟着柳清哭喊道："戚将军饶命，戚将军饶命！"

"柳清，你我私交不错，你去年还曾帮我把我夫人送到新河所。"戚继光从怀里掏出一包银子，"我这有一百两银子，我会派人送到你老家，给令堂养老。"

柳清见戚继光心意已决，瘫倒在地上，涕泗横流。

"军令如山。来人，把这几个逃兵给我斩了！"说罢，戚继光威严的眼神扫过整个队伍，一字一句地说："今日南湾一战，谁敢临阵退缩，定斩不饶！"

队伍中的戚继美心中暗想："只有我一个人知道，在昨天晚上，大哥偷偷流过眼泪。"

当天中午，戚继光率军杀到南湾。群倭早已遁入海边的高山，负隅顽抗。戚继光指挥大军从东、西、北三面包围群倭，只留下山南通向大海的一面未做布置。

戚继美疑惑不解，说道："焚毁倭寇劫掠的几十艘渔船，定可全歼倭贼。大哥何不派一支队伍杀向海边？"

"困兽犹斗。如果逼得太紧，群倭必然拼死反

军令如山，戚继光下令斩了逃兵。

扑。如今留下南面不围，不但可以削弱敌人的斗志，还能减少我军的伤亡。"戚继光答道。

"难道就任由他们从海路逃走？"

"你放心吧，他们跑不了。"

安排已定，戚继光率军从东路攻山。藤牌兵高举藤牌冲在前面，长枪兵、大刀兵、弓箭手、鸟铳手纷纷跟进。待明军冲到半山腰，山顶上的倭寇开始用射远器袭击明军，几个倭酋还不时指挥倭贼将巨石自山顶推下。

只见一名被巨石砸中的军士，惨叫一声，朝山下滚去。另一个军士伸手援手，却只抓住了一只麻鞋。更多的军士纷纷躲入树后，弓箭手和鸟铳手伺机向山上回击。

戚继美与戚继光在一块山石之后观察山上的形势。戚继美回头看看大哥，戚继光指了一下前方的一棵大榕树，兄弟俩会心一笑。只见二人腾身而起，一边躲避箭矢、铅弹，一边向前奔跑。一块大石滚滚而下，戚继光侧身一闪，戚继美纵身一跃。为了不踩到一位受了箭伤的军士，戚继美打了一个趔趄，却碰巧躲过了一颗铅弹。

兄弟俩到了那棵榕树后面，山上的倭酋就在弓箭的射程之内了。抽弓、搭箭、劲射，两个人的动作一模一样。山上的两个倭酋也几乎同时中箭，一个倭酋双手捂着喉咙滚下山来，另一个倭酋死在树下。

戚继光一挥令旗，大喊一声："杀！"

明军在主帅兄弟的感染下，发起冲锋。恰在此时，从山北小路偷袭得手的指挥卢锜率军登上山顶，与倭寇展开肉搏。戚家兄弟很快率军冲上山顶加入战团。不久，都指挥祈云龙的队伍也从西面杀到。

山顶的厮杀声、叫骂声、哀号声持续了将近两个时辰。倭寇渐渐支持不住，开始从南边的山路向海边溃败，明军奋勇追击。在高山与大海之间的沙滩上，明军对倭寇发起了总攻。长枪起落、大刀飞舞，一番激战过后，三百多名倭寇被明军击毙。拼死逃上渔船的倭寇，仓皇逃窜。

戚继美急得直跺脚，遗憾地说："唉，还是让他们跑了。"

"他们跑不了，"戚继光笑着说，"群倭奔乐清去了，那里有我埋伏的水军。"

新戚家军

一

嘉靖三十八年（1559）八月。

这晚明月当空，繁星点点，可是，潮湿、闷热的气浪并没有随着夜幕的降临悄然离去。

台州府一座院落的堂屋中，王氏将一叠衣服塞进包袱里。她用手背抹了一下额头上的汗珠，给包袱打上了一个可以提拉的活结。

"相公，你想想还有什么要带的？"王氏问道。

戚继光头也不抬地说道："《孙子兵法》《吴子兵法》……"

"还有《尉缭子》《司马法》，除了你手中的《李卫公问对》，其余的都装好了。待会儿，你看完了，记得提醒我帮你装好。还有别的吗？"

戚继光摇摇头，没有答话。

"你带了两年的兵，怎么说不带就不带了，到底是怎么回事呀？"令王氏百思不解的问题忽然脱口而出。

"没法带了。"戚继光叹了一口气。

"不是打了那么多胜仗吗？朝廷不是也奖励、表彰了吗？"

"我一直没跟你说。"戚继光放下手中的兵书，"将士们今年应得的赏赐到现在都没发下来，甚至连阵亡将士的抚恤金都没发。"

"为什么？"

"本来朝廷命令藩司使用海防工程没用完的钱颁发赏金和抚恤金。"戚继光憋了很久的话已是如鲠在喉，"可藩司说谁该赏、谁不该赏，谁需要抚恤、谁不能抚恤，都需要核查。这也不难理解。因为一听说朝廷有赏赐，那些见了倭寇就逃的军队也纷纷要求给予赏赐和抚恤。对于这些无理要求，藩司肯定需要核查。可是你倒是查啊！结果是根本不查，只是以需要核查为借口反复拖延，不肯将朝廷颁给我军将士的赏赐和抚恤发下来。"

戚继光越说越气，忍不住一掌拍在书案上，烛台跟着晃了一下。

"那可不行，你得找胡宗宪评理去，他个藩司还敢不听总督的话！再不成就找内阁首辅，我就不信还治不了个藩司。"王氏愤愤不平地说。

"我找了胡宗宪很多回，什么用也没有！还内阁首辅？按照胡宗宪的说法，这钱发不下来就跟内阁首辅有关系。"

"啊！你什么时候把严嵩给得罪了？"

"我得罪得着吗？"

"那你怎么说跟严嵩有关系呀？"王氏走到坐在书案的另一侧，右臂挂着书案，抬头望着丈夫。

"按照胡宗宪的说法，之所以钱发不下来，是因为我没给严嵩的儿子严世蕃送礼，他才暗中使坏。"

"为什么要给严世蕃送礼？"

"我都说了，官场上的事，你不懂。"

"我是不懂。可是，我知道就你挣的那点儿钱，不吃不喝，都拿去给严世蕃，恐怕人家也瞧不上。"

"可不是嘛！就算我为了将士们的利益，给他送礼，他也会觉得礼太轻。他不会认为礼轻是因为咱们没有那么多钱，反而会认为是我瞧不起他。"

"那怎么办啊？"

"还能怎么办？只能不带了。"

"两年了，就这么不带了，你舍得吗？"

"这不是舍得舍不得的问题，我实在是没脸带了。将士们上阵杀敌是为了平定倭乱，可是他们也是人，也有妻儿老小。人家用命拼来的赏赐，凭什么不给人家？"

戚继光的声调越升越高："今年数千倭寇在台州、温州沿岸五六百里的地方烧杀劫掠。剿灭这股恶贼，全靠我在舟山练的这支军队。结果仗打完了，将士们连该得的赏赐都得不到，这叫我还怎么去指挥他们！"

"恐怕就算你肯厚着脸皮继续指挥，他们也不肯听你的了。"王氏的右手绕过烛台，放在了丈夫的手上，"所以，你就决定去义乌招兵？"

"我本来是要将胡宗宪一军，让他把该发的赏赐解决了。没想到胡宗宪怕得罪严世蕃，不敢管这个事儿。"

"我就说胡宗宪靠不住吧。"王氏突然又想起了岑港的事，"听说他还给朝廷打报告，说有什么岑港大捷、舟山大捷……"

"实际上倭酋王激等人一直在岑港按兵不动，去年七月才突然起航跑到了柯梅。一个月后，胡宗宪才派人打岑港，这时王激等倭寇已经不在岑港了，哪里来的大捷？唉，有时候沙场搏命、斩获首功的人得不到的赏赐，冒功邀赏的人反而如同探囊取物。"

"相公，"王氏愁眉不展地说，"如果你练好了义乌兵，又碰到现在这种的情况，怎么办？"

"能怎么办？我一个武将，改变不了政局。我只能做好自己分内的事，同时盼着严嵩、严世蕃这些贪官早点儿垮台。"

"他们会垮吗？"

"他们必须垮！他们不垮，国家就垮了。"

王氏点了点头，又问："那为什么一定要去义乌招兵？"

"一般来说，盗矿贼都比较能打。可是，这义乌人比盗矿贼还厉害。去年，一万多个盗矿贼去义乌盗矿，还残害当地百姓。被激怒的义乌人组织起来，将这伙盗矿贼打跑了。他们不解气，又追到盗矿贼藏身的山里，将他们全都铲除。"说起义乌招兵的事，戚继光的心情有所好转，他又说："当然，这些传闻难免有些夸大。比如盗矿贼的数量未必能达到一万，他们也不太可能被义乌人全部铲除。不过，义乌人勇敢善战应该是名不虚传。"

二

嘉靖三十八年（1559）九月。

瑟瑟秋风吹拂着泛黄的树叶，也吹动了义乌县衙门前的募兵告示。告示是五天前贴上去的，告示的右下角已经被风吹得卷了起来。

县衙内的案桌后面坐着一文一武两名官员。那文官是一位瘦弱的长者，目光灵动，约莫五十出头。他叹了口气说道："戚将军，这几天募兵的情况不太理想啊。"

"是啊，五天过去了，应募者加起来还不到十人，合格的只有三个。"戚继光无奈地摇摇头，对身边的县令赵大河说。

"这样下去也不是个办法。"赵大河似乎想要有所改变。

"可是又有什么办法呢？这些天，县城内的鼓楼、市场、寺庙等地，县城外的主要村落都派人贴了告示，宣讲抗倭保家、当兵卫国的道理，还强调了当兵有饭吃，有钱拿……"说到这儿，戚继光又想到了跟随自己两年，拼死血战、剿灭倭寇却连该领的赏赐和抚恤都拿不到的老戚家军，不禁一时语塞。

"这几天的工作也不是完全没有成效，至少义乌人都知道戚将军到这里来募兵了。"

"只怪戚某威望不够，义乌人不愿到我这里来当兵。"

"戚将军过谦了。"赵大河再次把话题转回到募兵的问题上，"下官奉胡总督之命，协助将军募兵。可下官不懂军旅之事。有时产生一些想法，也不知当讲不当讲。"

"但讲无妨。"见赵县令有些迟疑，戚继光又说，"你我一见如故。县主的人品、见识更令戚某十分钦佩。县主请直言"。

"两年前，下官来义乌。下车之初，就发觉这里的百姓极难教化，便派人四处探访。原来此地豪民豢养了一些善于打官司的人。只要对县主稍有不满，他们就派人去府尊、藩司，甚至都堂那里，状告县主贪赃枉法。据说前任县主被当地豪民多次诬告，任期未满，就被调离此地。"

见戚继光听得有味，赵大河继续说："下官不想重蹈覆辙，便派衙役查出那些状告前任县令的豪民，并进一步访查他们的不法之事。随后，下官派人将这些豪民押到县衙，以不同的罪名，将他们每人痛打五十大板。我虽然没提诬告前任的事，可是这些豪民知道自己为什么挨打。所以，这两年，我这个县主当得比前任安生。"

"这次募兵也应该从豪民入手？"戚继光若有所悟。

"哈哈，戚将军果然睿智。"赵大河笑吟吟地说，"不过，此豪民非彼豪民。义乌的豪民没什么官方背景，他们有的比较富有，打着维护地方利益的旗号来争取百姓的支持，但实际上只追求自己的私利。另有一些豪民，并没有多少钱，但他们勇敢善战，真心实意地维护地方利益，在当地人中间很有威望。陈大成就是这样的人。将义乌人组织起来，打矿贼的就是他！"

　　"这陈大成家住哪里？我这就去见他。"戚继光站起身来，迫不及待地说。

　　"戚将军亲自出马，事情就迎刃而解了。"赵大河拊掌笑道。

　　戚继光、赵大河来到八宝山下的倍磊村时，太阳已经偏西。抢先迎接他们的并不是陈大成，而是村子里的狗，它们警惕地盯着陌生人，并发出威胁的吼声。

　　陈大成家的院子就在离村口不远的地方。一个中等身材的粗壮汉子快步走了出来，他看到赵大河皱了一下眉头，草草抱了下拳，一言不发。

　　"陈大成，"赵大河笑道，"你看我把谁带

来了？"

陈大成看了一眼戚继光，又一抱拳，叫了声"戚将军"，便再次闭紧嘴唇。

"你这陈大成，倒有些眼力，竟然认得出戚将军。"赵大河谈笑风生。

"戚将军来义乌招兵，谁不知道。他器宇轩昂，又是跟着县主来的，猜也猜得到。"陈大成粗声大气地说。

"你不打算请我们进去喝杯茶？"赵大河依然面带微笑。

"你们要是不提当兵的事，我这就请二位大人进屋。"陈大成环抱双臂，桀骜不驯地说，"要是想说服我去当兵，那二位这就请回吧！"

这时陈大成家的院门口已经围了不少看热闹的村民。几个年轻的村民纷纷喊道："二位老爷，陈大成不能走！他不能走！"

戚继光心中暗想："莫非盗矿贼果真没有被全部铲除？"

"大成兄！"戚继光笑着说，"你不愿当兵，是不是担心盗矿贼会卷土重来啊？"

"那是当然，我们都去当兵了，盗矿贼还不为所欲为？到时候，受苦的还是我们义乌人。"

"大成兄放心，"戚继光扶住陈大成的肩膀说，"你们要是肯当兵，戚某先带你们去解决盗矿贼。然后再去打倭寇。"

"此话当真？"陈大成瞪大了双眼，迫切地等待着戚继光的回答。

"当真！"戚继光坚定地说。

"那好，既然戚大人这么看得起小人，我陈大成也不能不识抬举，我明天就去县衙找你。"陈大成回身一把推开院门，"两位大人，快进屋喝杯茶吧。"

"你陈大成肯应募当兵，比十壶茶都解渴。"赵大河笑道，"天色不早了，今天我们就不叨扰了。明天，你要是能多带些弟兄来当兵，我给你摆庆功宴。"

三

第二天一早，陈大成带着一些村民前来当兵，自此之后，前来应募的义乌人络绎不绝。

几天后，戚继光、赵大河及陈大成正在县衙内编排队伍、发放腰牌、汇总队册。突然县衙门外一阵喧哗，叫骂声不绝于耳。

戚继光、赵大河、陈大成闻声赶到县衙外面。只见一群新入伍的义乌兵将一个高大威猛的汉子围在中间。那汉子浓眉大眼，虎背熊腰，双手拿着一根二尺粗的大毛竹，用力一抡，周围的新兵纷纷后退，那壮汉放声大笑。

戚继光见那毛竹长约丈八，毛竹上面还带着枝叶。他正要开口，忽听陈大成骂道："王如龙，你个盗矿贼，今天就是你的死期！"说罢从身旁新兵手中夺过一把镗钯，就要上前搏命。

"去！"王如龙一龇牙、对陈大成做了个鬼脸，说，"我是来当兵的，不是来打架的。"

陈大成抢上一步，正要厮杀，却被戚继光扯住臂膀。只听戚继光说："且听他怎么讲。"

"戚将军，戚将军在哪？"王如龙自顾自地乱喊，铜铃似的双眼凶巴巴地四处张望。

戚继光向前走了两步，说："戚某在此！"

王如龙看着戚继光，一拍胸脯，说："我，王如龙，也是义乌人，我也要当兵。"

"呸！"陈大成骂道，"你算什么义乌人？你跟着处州的盗矿贼来盗义乌的矿，就不是义乌人。"

"哈哈哈！"王如龙狂笑数声，说，"这矿是天生地长的，不是你家祖传的！"

"在我们义乌，就是我们义乌人的。"陈大成吼道。旁边的义乌新兵纷纷附和。"对，就是我们义乌的！""义乌的！""义乌的！"

"他奶奶的，你们吼什么，没听见吗？我也是义乌的，义乌的！"王如龙声如洪钟地乱嚷，又龇牙咧嘴地对周围新兵做着威胁的鬼脸。

"那你为什么残害义乌百姓！"陈大成指着王如龙厉声质问。

"啊呸！"王如龙晃了晃手中的毛竹，"你哪只狗眼看见我王如龙残害义乌百姓了！我王如龙穷，没地种，只能跟着开矿的朋友混口饭吃。可我王如龙从来不欺负老百姓，别说义乌的，哪儿的老百姓我都没欺负过。"

"你还敢抵赖，倍磊村的孙、刘两家就被盗

矿贼给杀了，还抢了他们的东西，烧了他们的房子。"陈大成提起镋钯，又要上前搏命。

戚继光再次拉住陈大成，低声说："少安毋躁。"

王如龙低下头，瞪大眼睛盯着陈大成说："盗矿贼，盗矿贼，你以为开矿的都是一家的！盗矿贼杀了你们村子里的人，跟我王如龙有什么关系？"他突然一指戚继光，"那当兵的也有杀老百姓的，你怎么不把他也杀了啊？"

见陈大成一时语塞，王如龙抬起头对戚继光说："戚将军，我手下有几百个兄弟，都是义乌人，都没残害过老百姓，我们也想当兵，跟你去打倭寇，你敢不敢收？"

陈大成突然将镋钯仍在地上，说："戚将军，你要是收留他们，我们就不干了！"旁边的几个义乌新兵也将手中的兵器仍在地上，叫嚷着："收下他们，我们就不干了！""对，不干了！""不干了，不干了！"

"都把兵器给我捡起来，"戚继光怒喝一声，"你们以为当兵是儿戏吗？想干就干，说不干就不干。收不收王如龙他们待会儿再说，现在你们不把兵器捡起来，就是违抗军令，就得军法从事！"几个士兵面面相觑，先后捡起丢下的兵器，

陈大成一跺脚，也将锐钯捡了起来。他指着被围在人群中的壮汉大声喝问："王如龙，就算孙、刘两家被劫杀的事跟你没关系，你敢说上次八宝山上我那死去的七个兄弟跟你没关系？！"

"有关系！"那大汉拖着毛竹向前跨了一步，弯下腰盯着陈大成，"可是你才是罪魁祸首！"

"你胡说！"陈大成怒目圆睁，吼道。

王如龙对着陈大成一龇牙，哼了一声，便直起腰、将头转向戚继光说："我和我的兄弟们都是没地的农民，我们只有开矿才能活下去。去年，大伙儿听说这八宝山上有银矿，就也想回来讨个生活。回来后，听说义乌组织了乡兵，把外地开矿的朋友都赶跑了。他们说矿是义乌的，只有义乌人才能采。我们一想我们也是义乌的，我们可以干。于是就藏在山里，寻找机会准备开矿。"

王如龙忽然向下一指陈大成，"没想到，这个陈大成，带人搜山，看到我们不由分说，上来就

打。我们是不欺负人，可是也不能被别人欺负。所以两边就打起来了，这榔头、铁锹可不认人，结果他们死了几个人，我们也损失了几个兄弟。"

"大成，"戚继光扶着陈大成的肩膀说，"看来是你误会在先了。"

陈大成低下头，没说话。

"听说戚将军要带着新征的义乌兵到山上来打我们。"王如龙停顿了一下，"可是，我们就是一些没地的农民，也没干过什么伤天害理的事。我们哥几个一商量，决定学陈大成，也到你这儿来当兵。有饭吃，有钱拿，为啥不干！就是不知道你敢不敢收？"

"冤家宜解不宜结，"戚继光对着众人高声说道，"既然双方的矛盾是因为一场误会而起，那不如就此和解。"他转向陈大成，问道，"大成，你看怎么样？"

陈大成默然不语。王如龙一瞪眼，说道："陈大成，我们一直打下去，不过是义乌人打义乌人。有本事，咱们跟着戚将军杀倭寇去，看谁杀的倭寇多。你敢不敢比？"

陈大成与王如龙的恩怨一触即发。

"有什么不敢！"陈大成不服气地说。

"好，从今天起，双方的恩怨一笔勾销。"戚继光笑着说。

一天之后，王如龙带着几百个兄弟也加入了戚继光的队伍。

四

嘉靖四十年（1561）四月十一日。

灵江两岸绿草如茵，奔腾的江水呼啸着流过南岸的台州校场。

新戚家军是在两年前来到这里的。当年十一月倭寇袭击台州。总督胡宗宪命戚继光率领新军紧急驰援。慑于老戚家军的威名，倭寇不战而逃。从此，这支新军就驻守在这里。

两年来，戚继光一面训练新军，一面总结治军之法与练兵之道。期间，他还写出了自己的第一部兵书《纪效新书》。

这天，戚继光站在演武厅前的将台上，观看战士们演练鸳鸯阵。看着将士们在五行、两仪、三才等不同阵型之间自由切换，他十分欣慰。将士们不再是单打独斗的个体，而是一个相互配合，彼此依存的整体。

戚继光将注意力集中在一队士兵身上。这队士兵共有十一人，为首的是面相凶狠的高大汉子。戚继光认出他叫朱珏，是这一队的队长。只见朱珏手持鸟铳、身带腰刀，威风凛凛地站在队伍前头。他时而端起鸟铳做射击状，时而抽出腰刀迎风劈砍。两个配备标枪、腰刀的藤牌手分列朱珏左右，他们挥舞藤牌，演练着抵挡刀枪、弓箭的技艺。

朱珏等三人身后，站着两名双手抱持狼筅的士兵。这个新武器是戚继光在王如龙所用毛竹的启发下改造而成的。当年在义乌募兵时，他就被王如龙手中的毛竹所吸引，当时便想出了在毛竹细密的枝叶上安装利刃的主意。

长大的狼筅看似笨重，却是防守的利器。只见两个抱持狼筅的战士紧紧护住藤牌手身后，时而又将狼筅移到藤牌手或朱珏身前，成为极难逾越的屏障。

每个狼筅手身后各有两名长枪手，这两名长枪

手有着明确的分工。一个保护藤牌手，一个保护狼
筅手。他们有时还会在藤牌与狼筅的缝隙刺出致命
的一枪。

队列的最后是两名镋钯手，他们跟在长枪手的
身后，做着保护长枪手并伺机进攻的动作。

朱珏吹了一声响亮的口哨，又从背后抽出令旗
上下一挥，指挥队伍将阵型从两仪变为五行。只见
两列从藤牌手到镋钯手纵向依次而立的战士，迅速
向左右移动，本来彼此联系颇为紧密的两列战士，
忽然变成两个相对独立的分队。每支分队的狼筅手
大步向前，站在藤牌手身旁。他们身后的长枪手也
从纵列变成了平列，并不时从藤牌手与狼筅手的外
侧演练挑、刺等攻击动作。一名镋钯手站在第三
排，配合着前面的战士挥动武器。

又一声口哨过后，朱珏将令旗向左右一挥，指
挥战士将阵型从五行变成三才。只见两名狼筅手
迅速集中到朱珏左右，两名镋钯手紧跟在狼筅手身
后。这五个人共同组成了中路纵队。两名藤牌手构
成了在左右包抄、迂回的两路纵队的核心，每名藤
牌手身后分别有两名长枪手负责保护。于是，朱珏

的队伍从两支相对独立的分队，演化成三支联系紧密的纵队。

戚继光正在心里暗自叫好，一名军士急匆匆地跑上将台。

战无不胜

一

"戚将军，"前来报信的军士气喘吁吁地说，"在宁波、绍兴一带的外海，发现了五十多艘倭船，船上大约有两千多名倭寇。"

"快去通知唐监军，说我在演武厅大堂等他。"戚继光说罢，匆匆离开将台，走进演武厅后堂。

"戚将军，"唐尧臣在后堂案桌前坐定后说，"倭寇这是要试探我军虚实啊。"

"戚某打算将计就计，先杀杀倭寇的锐气。"戚继光答道。

"戚将军所言甚是。松门卫是海防要地，下官在那里布防如何？"

"好，十四日左右戚某与唐大人在松门卫汇合。"

戚继光率领的水师杀到宁波、绍兴一带的外海时，倭寇望风而逃。于是，他率军前往松门卫。

不久，戚继光、唐尧臣又接到报告，说十六艘倭船于十九日突然在奉化一带上岸，进犯宁海县。

"下官以为倭寇用的是声东击西之计，他们的目标是台州，而不是宁海。"唐尧臣道。

"戚某仍要将计就计。率军奔袭宁海。"戚继光说。

于是，戚、唐二人定计，派指挥刘意、把总娄楠镇守台州；命把总胡守仁前往海门卫，接应台州、松门等地；同时，万一倭贼偷袭台州，戚继光便率军从宁海驰援。"

四月二十三日，也就是戚继光率军前往宁海的第二天，数千倭寇在桃渚等地登岸，分掠各处。其中一股七百多人的倭寇于二十四日杀奔新河所。而此时，王氏正在新河所的远亲家中。

王氏是在戚继光率领水师出海那天离开台州、前往新河所探亲的。这一天，她正在院子里乘凉。忽然，表姐从院子外面飞奔进来，喊道："不好了，倭寇来了，倭寇来了！"

"快，通知街坊邻居和所有你认识的人，无论男女到武器库集合。"王氏起身说道。

"到武器库集合？为什么？"

"想活命，就照我说的做！"王氏头也不回地走出院门，直奔新河所衙门走去。

在转过小巷的路口时，王氏差点儿被一个惊慌失措的路人撞倒。不远处，两个中年妇人一边焦急地奔跑，一边嘶声高喊"倭寇来了，倭寇来了"！路旁的民居不时传来愤怒的咒骂与绝望的哭喊。

新河千户所衙门里的军士认识王氏，见到她面色铁青地走进大门，便纷纷躬身施礼，未敢上前搭话。

王氏进入大堂时，邵千总正在布置城防。

待邵千总布置完毕，王氏开门见山地说："邵千总，把武库的钥匙给我。"

"夫人，这可万万使不得。"邵千总连连摇

手，"没有戚将军的号令，我可不敢擅自打开武库。"

"城中的精壮军士都到沿海一带防倭去了，城中守卫力量薄弱。如今倭寇突然来袭，事情紧急。我们只能打开武库，让老百姓穿上铠甲、拿起武器，协助守城。"王氏道。

见邵千总犹豫不决，王氏又说："有什么事，我负责！"

在王氏的鼓动和劝说下，集合在武库门口的妇女和老弱之人都穿上军装、拿起武器和旗帜，来到城墙上参与防守。

并不了解城中虚实的倭寇没有贸然发起进攻，只是派出几支小分队试探性地向北面的城墙逼近。邵千总一声令下，城墙上的鸟铳、弓箭齐发，穿着军装的百姓齐声呐喊。倭寇误以为城中守军众多，暂时放弃了攻城，开始劫掠附近村落。

当晚，王氏夜不能寐，她知道这种让妇女、老人冒充士兵，靠呐喊吓退倭寇的办法只是权宜之计。第二天晚上，她更是辗转反侧，心中不断祷念："相公救我。"有时又怒气冲冲地自言自语："戚继光，你怎么还不来？"偶尔也会流着眼泪想到最坏的结果，喃喃自语："相公，你再不来可就见不到我了。"

在新河附近村落劫掠了两天的倭寇，发现城中明军不敢出击，便怀疑中了新河守军的疑兵之计。于是，他们决定在第三天大举攻城。

就在倭寇准备对新河所城发起总攻的时候，援军到了。

驰援新河所的统帅不是戚继光，而是监军唐尧臣。

唐尧臣接到倭寇进犯新河的消息后，一边派人通知戚继光，一边率领驻守海门的胡守仁部前往救援。同时，留守台州的指挥刘意、把总娄楠、也奉戚继光之命驰援新河。两支援军汇合后，唐尧臣率军杀奔新河城。

明军将士一到，便立刻发起了猛攻。只见枪来枪往，刀起刀落，数十名倭寇倒在血泊之中。被打了个措手不及的倭寇四散奔逃，明军随后掩杀，斩获无算。

二

倭寇进犯新河的那天，戚继光从噩梦中惊醒。第二天凌晨，他得到消息，宁海倭寇主动退却，同时另一股倭寇自桃渚登陆，大举南进。他断定这伙倭寇的意图是在精进寺附近折而向北，偷袭台州。于是，他率军自梁王铺回防台州。

戚家军前往宁海时只带了三天的口粮，原计划击退倭贼后在宁海补充给养。不过，由于战局变化、他们回军的第一天就已经没有口粮了。

全军断粮的第三天，戚家军抵达距台州七十里路程的桐岩。戚继光下令，兼程前进。饥饿的将士奋力奔跑，先头部队在午时赶到了台州。然而，迎接他们的并不是久违的饭菜，而是悬起的吊桥和紧闭的城门。

"倭寇就快杀过来了，王知府有令，无论什么情况，绝不能打开城门！"城门楼上如临大敌的军士喊到。

"老子为了救援台州，三天没吃饭了，赶快开门！"一个军士大吼。

"知府有令，无论如何，都不能开门！"城门楼上的守军坚持。

城下的战士纷纷吼道："我们饿了几天了，不让我们进去吃口饭，怎么打倭寇"？"我们是戚家军，不是倭寇，赶紧开门"！"再不开门，老子杀进去了"！

性急的战士甚至挥起长枪、镋钯向城门砸去。

城上的守军也急了，吼道："再不后退，就放箭了！"

恰在此时，戚继光拍马赶到。他厉声喝道："你们这是要造反吗？都给我退下！"

将士们虽然愤愤不平，但还是先后收起了武器。

戚继光又说："我知道你们心里有怨气。可是，倭寇已到了花街，离台州只有二里路。你们不去杀敌，却要往城里跑，你们是怕了倭寇吗？有本事，先把倭寇灭了，然后再回城吃饭！"

"戚将军，"城门楼上传来王知府的声音，"下官已经命人在校场备下酒食，打完倭寇，下官给你们庆功！"

"有劳王大人了!"戚继光说毕,率军迎敌。

就在距离花街不远的地方,戚家军与倭寇不期而遇。双方先是以鸟铳、弓箭展开对攻。不久,戚家军率先发起了冲锋。戚继光亲自擂动战鼓,为将士们助威。领兵官陈大成、哨总王如龙各率手下,摆开鸳鸯阵,杀向群倭。

王如龙喊了一声"去!"双手挥动狼筅扫向群倭,群倭纷纷倒退,两三个被狼筅上面的利刃割伤的倭寇哇哇大叫。"啊哈哈哈!"王如龙纵声长笑,又抡起狼筅向敌人砸去。一个倭寇应声倒毙。他身边的长枪手、镋钯手、藤牌手也向群倭发起进攻。

陈大成镋钯向上一档,荡开贼寇的倭刀,顺势向右疾进一步,将镋钯刺入另一个倭寇的肋下。他回身向外一格,又荡开此前那名贼寇的倭刀。突然身后队友的长枪斜刺,刺穿了那个倭寇的咽喉。

戚继光一边擂动战鼓,一边观察战场形势。他发现一名左手持枪,右手握刀的倭酋凶悍异常,已经连续击杀多名戚家军将士。他放下鼓槌,脱下身上的银铠,吼道:"谁宰了那个左手枪、右手刀的倭酋,我这副银铠就是他的!"

不远处一个声音冷冰冰地说："戚将军，这副银铠是我的了。"

戚继光闻声望去，只见朱珏手持鸟铳，直奔那个倭酋杀了过去。他的十个队友紧紧跟在他的后面。

朱珏冲到距离那名倭酋不远的地方突然停下，端起鸟铳一颗铅弹打折了那个倭酋的枪杆。疾进一步，又是一颗铅弹，打在倭酋的右手上，呛啷一声，倭酋手中的倭刀掉在了地上。朱珏将鸟铳交于左手，纵身一跃，顺势抽出腰刀，右手一挥，斩获了那个倭酋的首级。

群倭纷纷举刀砍向朱珏，朱珏在身后队友的配合下，腰刀上下翻飞，一连斩杀七名倭寇。群倭见朱珏如此神勇，纷纷转身逃命。

陈大成、王如龙各率所部左右包抄，奋勇追击，斩获倭贼无算，救出被倭寇掳掠的良民五千多人。

戚继光率领众将士回到校场的时候，庆功宴的最后一道菜刚放到桌上。

三

嘉靖四十一年（1562），八月一日。

疾风劲吹，福建福宁的海面上波涛汹涌。

戚继光站在高大战船的甲板上，望着崎岖纵横的海岸，心中暗想："终于到福建了。"

一艘哨船突然闯入戚继光的视线。哨船越来越近，只见船上站了一位中等身材，年近不惑的文官。他将双手放在嘴边，大声呼喊："戚将军，在下监军副使汪道昆，特来相迎。"

戚继光朝他招了招手，也喊道："有劳汪大人了！"

汪道昆登上战船，躬身施礼，说："戚将军率领大军驰援福建，这是福建老百姓的福分！"

戚继光一边还礼，一边说："不敢、不敢！"

"戚将军过谦了，"汪道昆诚恳地说，"将军平定浙江倭寇，战功赫赫，这谁人不知，哪个不晓啊！"

"剿灭浙江倭寇，上靠总督、巡抚、巡按、布政使等官员谋划布局，下靠三军将士舍命搏杀，绝

戚继光率军来到福建。

非戚某一人之功。"戚继光说，"到了福建，也得有劳诸位大人多方协助，才能剿灭倭寇。"

"下官自当鼎力相助！"

当天，戚继光率领六千名戚家军，同来的戴冲宵带领一千六百名将士进入福宁城休整。

一见如故的汪道昆与戚继光，相谈甚欢。

"下官与戚将军真是有缘啊，"汪道昆笑吟吟地说，"将军带的是义乌兵，偏巧下官做过义乌县令。"

戚继光点头称是。双方又寒暄了一阵后。汪道昆说："福建没有浙江那么幸运，没有戚将军这样能征善战的主帅。十年来，福建的倭寇十分猖獗。北到福宁，南至漳州、泉州，沿海一千多里的地方，生灵涂炭，民不聊生啊。像福清、福安、福宁、宁德、永宁这些县城，都曾被倭寇攻陷，洗劫一空啊。唉呀！"说道福建的倭患，汪道昆不禁捶胸顿足。

戚继光知道汪道昆破贼心切，便道："戚某这次来福建，打算直捣倭巢，先平横屿，然后乘胜进军福清。汪大人意下如何？"

"戚将军胆识过人，令人钦佩！"汪道昆激动地说，"如果能荡平倭巢，那可真是造福百姓的壮举啊！"

三天后，戚继光与戴冲宵各率所部进军横屿。他们穿过崎岖的山路，披荆斩棘，风餐露宿，经过四天艰苦跋涉，终于来到横屿岛对岸的张湾附近。

戚继光命戴冲宵部驻守东山铺，自己率军屯驻已经废弃的宁德城。

当天戚继光派出几十名战士前往张湾张贴告示，上面写着："凡受胁迫而加入倭寇的百姓，如能投诚，绝不妄杀。"

居住在张湾一带的居民约有数千人，他们与倭寇牵连颇深。听到戚继光进剿横屿的消息后，当地人忧心忡忡，唯恐官军将他们当作倭寇斩杀殆尽。看到戚继光的告示后，他们既感到惊喜，又有些迟疑。众人公推李十板、张十一两人，去戚继光那里探个虚实。

李十板、张十一谎称愿做明军向导，来到戚继光的中军帐。两人一进大帐，扑通一声，跪倒在地，连声求饶："大老爷饶命，大老爷饶命！"

"起来说话。"戚继光平和地说。

李、张二人起身，又频频道谢后，李十板说："老爷，小人叫李十板，他叫张十一，都是张湾人。小的们看了老爷的告示，特意前来报效，愿为大军引路，以赎罪过。"

"听说张湾百姓与倭寇颇有牵连，是否属实？"戚继光问道。

张十一说："小的们在海边居住，经常遭受倭寇欺凌。有时不得卖给他们一些粮食、蔬菜。否则，性命难保啊。"

戚继光心想："不只是卖食物这么简单，你们给倭寇当向导，勾引倭寇劫掠的事也没少干！"但他不露声色地说："只要张湾百姓不协助倭寇，我军在张湾，绝不滥杀一人，绝不妄烧一屋。"

李、张二人见戚继光说得诚恳，相互看了一眼，连声道谢。但还是有些将信将疑。

戚继光命人取出一张内容与告示大体一致的降约，交给李、张二人。

"这张降约，你们拿着，做个凭证。"说罢，戚继光命人摆上香案、香炉，当着在场将官与李、张二人的面，他跪在案前，对天发誓："张湾百姓跟随倭寇作恶，原本罪无可恕。但他们也是被逼无奈，情有可原。念上天有好生之德，只要张湾百姓不协助倭寇，我军绝不妄杀一人。如违此誓，天诛地灭！"

李、张二人见状，也先后跪倒在地，齐声说："多谢大老爷不杀之恩！"

第二天夜里，戚继光、戴冲宵分别以张十一、李十板为向导，突然进军张湾。张湾百姓，见明军纪律严明，秋毫不犯，纷纷跪地投降。

当晚，明军夜宿张湾。次日凌晨，戚继光将陈大成、王如龙等将官叫到中军帐。他说："横屿岛与张湾相距十里。这十里路，涨潮的时候是一片汪洋，落潮的时候又变为泥沼。我军可以趁着潮落冲到岛上。不过，万一涨潮时仍不能攻克，就没了退路。你们如果有这胆量，我们现在就出发，进军横屿；如果没有，也别勉强。"

"大老远地跑到这个鬼地方，不就是为了打倭寇吗？怕他个鸟！"王如龙道。

"没有怕的道理！"陈大成也不肯示弱。

"只怕你们有心无力。"戚继光故意用起了激将法。

"什么有心无力？我力气大着呢！""有力，打！""对，打！打他个落花流水！"诸将纷纷请战。

戚继光见时机成熟，便发布命令：全军每人准备一捆杂草，背在身上，路上如果遇到过大的泥坑，就用杂草填平、继续前进。

到达海边后，戚继光命令王如龙率领部下在岸边留守，伺机截杀从横屿逃过来的倭寇。王如龙虽然耐着性子，留在了岸边，但一想到不能去横屿厮杀，便跺着脚哇哇乱叫。

戚家军在海滩的淤泥中艰难前进，戚继光亲自擂起战鼓。为了保持军队的战斗力，他每隔两百步，就停止擂鼓，待将士们得到休息后，再擂鼓前进。

不到一个时辰，戚家军登上了横屿岛。早已发现明军动向的倭寇，在山上严阵以待，他们用鸟铳、弓箭攻击明军。戚家军则在藤牌手的掩护下，奋力登山，杀向贼寇。

戚继光亲自督战，陈大成、朱珏等奋勇先登。一番激战过后，明军冲上山顶，群倭见状，连忙退到山顶的一座木城里负隅顽抗。

正在双方杀得难解难分之际，突然又有一支明军冲上山来。为首一个高大魁梧的汉子叫道："哇呀呀呀！你们在这里打得热闹，却让我王如龙在岸上看戏。这买卖，老子不干！都给我闪开，闪开！"他倒转手中狼筅奋力前冲，狼筅犹如撞木一般撞向城门，木门应声破裂。王如龙一脚踢开破损的城门，杀入城中，身后的将士们一拥而入。

杀进木城的明军越战越勇，最终将一千多名倭寇斩杀殆尽。

四

戚继光在捣毁了横屿的倭巢之后，稍作休整，即按原定计划进军福清。不料，福建沿海一带山路崎岖，沟壑纵横，来自浙江的戚家军很不适应。再加上嘉靖四十年（1561）江西剿匪的功赏迟迟没有兑现；横屿大捷后，应该颁发的赏赐，也不见踪影。戚家军中产生了一种厌战、思归的情绪。

八月十八日，戚家军南进到连江时，这种情绪越发强烈。部分将士来找戚继光，要求执行总督胡宗宪平定横屿即班师回浙的原定计划。剿倭心切的戚继光反复规劝，虽然部分将士的思归之情有所缓解，但仍不能打消他们回浙的念头。恰好，汪道昆从福州赶来，解决了横屿大捷的功赏。做过义乌县令且为官清廉的汪道昆还利用这段情谊，对由义乌人构成的戚家军将士晓之以理、动之以情，这才坚定了戚家军直捣福清的决心。

九月一日，在残阳的余晖中，戚家军来到福清城南门。城门外的道路两旁挤满了迎接戚家军的百姓。一位白发苍苍的老汉跪在路边高声哭喊："戚将军，我们总算把你给盼来了！请将军马上出军，剿灭倭寇！我三个儿子都被他们杀了！"人们纷纷应和："请戚将军马上出兵，剿灭倭寇！""马上出兵，马上出兵！"

戚继光听不懂福建方言，在汪道昆的翻译下才明白这些百姓的意思。他一拉缰绳、停下坐骑，朗声说道"我军从浙江千里迢迢赶到福建，横屿之战后又来到这里，已是十分疲惫。将士们需要休整几天，待养足精神，我军将直捣倭巢，荡平群倭！"

当晚，戚家军在城外扎营。夜里，戚继光下令紧急集合。戚家军衔枚疾进，直奔倭巢杞店。

途中，陈大成问道："戚将军，不是说休整几天再进军吗？"

戚继光压低声音道："我那么说是担心有奸细混在百姓里面。"

"朱珏，"戚继光对面貌凶恶的高大汉子说，"你先行一步，把倭寇安插在这一带的探子解决掉，不留活口。"

朱珏带着手下十个战士走后，戚继光又派人把王如龙叫到身边，对他说："我得到消息，说倭寇在通往倭巢的路上，挖出了不少沟堑。你也先行一步，用杂草将行军路上的沟堑填平。"

王如龙虽然接受了命令，可他不爱干铺草填路的活儿，就命令自己的手下去做这些事，自己却追赶朱珏，打算跟朱珏等人解决倭寇探子去。没想到，朱珏嫌他性急，不愿带他。王如龙连哄带吓，软磨硬泡非要跟着。

朱珏也拿他没办法，勉强说道："王如龙，你要是能做到一声不吭，我就让你跟着我们去抓探子。"

王如龙刚想大笑几声，却突然捂住了嘴巴，悄声道："嘿嘿，我不出声。"

朱珏、王如龙等人先后遇到十三个倭寇探子。这些探子有的在不知不觉之中，被朱珏一箭射死，有的虽然有所警觉，但还是死在了王如龙的双斧之下。还有一个探子在睡梦中被朱珏手下的军士一刀毙命。

在杞店山上解决了最后一个倭寇探子后，朱珏低声问王如龙："你这回怎么没带狼筅？"

朱珏将右手食指放在嘴边，表示自己不能出声。

朱珏笑道："不说算了。"

"嘿嘿，这可是你让我说的，"王如龙压低声音道，"狼筅太重，晚上摸黑杀贼不方便。你不是也没用鸟铳吗？还不是怕动静大了，惊动敌人。"

不久，朱珏等十几个人来到了建在山顶的倭巢。

当黎明前的黑暗到来时，戚家军疾行五里，杀到倭巢。

"我们要不要等一下？"朱珏低声问王如龙。

王如龙摇摇手示意不等，便径直走到倭巢的围墙下面，指了指自己的肩膀。朱珏会意，纵身一跃、跳上了王如龙的肩膀，又将两手搭在围墙上面，一翻身跳进了倭巢。此时，群倭尚在睡梦之中，朱珏迅速打开大门，王如龙和十个战士一拥而入。

被朱珏等人惊醒的倭寇纷纷拿起武器冲了出来。朱珏掏出鸟铳，一连三枪，击毙三名倭寇，他身后的战士摆开鸳鸯阵，藤牌兵不时为朱珏遮挡从高处射来的羽箭，王如龙也挥动双斧拨打雕翎。

在朱珏又击毙了两名倭寇以后，一群倭寇冒死冲了上来。王如龙大吼一声："去！"左手一斧砍在一名倭寇的脖颈，又一声"去"！右手一斧砍在另一名倭寇的头上。

不久，戚继光亲率大军赶到。众将士人人奋勇，个个当先，经过一番激战，明军将杞店的倭寇斩杀殆尽。

戚继光断定，杞店的战斗会惊动附近的倭寇，他们将在凌晨反扑过来。他命令朱珏带领三百鸟铳手和弓箭手在山口埋伏，王如龙、陈大成率领部下左右包抄。

一直等到五更过后，七八百名倭寇才走近朱珏等人埋伏的山口。突然铅弹、羽箭齐飞，几十个倭寇倒在血泊之中，惊慌失措的倭贼转身就跑。

戚继光见时机已到，亲自打响号炮。陈大成、王如龙左右包抄断了倭寇的退路。

在剿灭了这一伙倭寇之后，戚家军乘胜出击，杀奔牛田。

牛田是福建境内最大的一个倭巢，数千倭寇列队而出，与戚家军展开激战。

王如龙挥动双斧带领部下奋勇杀敌，陈大成、朱珏等人亦各率所部勇往直前。

戚继光派人在明军阵前竖起一面大旗，又在大旗旁边安排了几个声音洪亮的战士，高声呐喊："放下武器，饶尔等不死！"一些被倭寇胁迫的百姓纷纷扔下倭刀，跪伏旗下。

一个时辰之后，死伤过半的真倭，夺路逃回牛田大巢。戚继光乘胜挥师，连破牛田、上薛、闻读等地，一举荡平福建境内规模最大、也最为集中的倭寇巢穴。不过，由于守在锦屏、仓下一路的福建军队战斗力较弱，部分啸聚福清的倭寇从那里夺路而逃。

荡平倭寇

一

荡平福清境内的倭巢后，与戚继光同来的戴冲宵坚决要求撤回浙江。戚继光虽然想留住他，待彻底平定福建倭寇之后再共同返回，但见他心意已决，便不再强留。

戴冲宵部的离去，再次勾起了戚家军的思乡之情。只是碍于主帅的情面，才勉强留在福清。

九月十二日，戚继光得到战报，横屿、福清两大倭寇巢穴被摧毁后，四千多名倭寇一路南逃，聚集在兴化府莆田附近的林墩，在那里建立了新的倭巢。

戚继光立刻率军疾行七十里，来到烽头江口，在距离敌巢三十里的地方扎营。相持一日之后，戚继光突然率军前往莆田城。众将士以为当晚会在莆田城外扎营，没想到主帅一反常态，不但率军进城，而且安排军士在城中百姓家中过夜。

当晚，戚继光还带着王如龙、陈大成等将官参加了分守道翁时器的宴请。席间，戚继光谈笑风生。不过，对于下一步的作战计划，他闭口不谈。只是多次强调，将士们很疲惫，需要休整。不久前经历过夜袭杞店的王如龙、陈大成等人对戚继光的话半信半疑，但是他们也搞不清楚主帅的真实意图。

子夜，戚继光传令各队伙夫，开始做饭。将士们吃过早饭后，悄悄来到莆田城的东市集合。

戚家军出城时，并没有遇到太大麻烦。他亲自出示腰牌后，守军打开了城门。

当晚，戚家军在一个当地向导的带领下衔枚疾进。当他们赶到距离倭寇巢穴仅有五里的西洪时，仍是明月当空。戚继光下令，待月落之后，再继续进发。

当黎明前的黑暗到来时，戚家军疾行五里，杀到林墩倭巢。

此时东方既白，但见倭巢前沟渠纵横，溪水萦绕，唯有靠近倭巢的地方有若干小桥可供通行。

戚继光督率众将士蹚水过河，翻越沟堑，向倭巢的方向发起进攻。一些闻声冲出巢穴的倭寇急忙焚毁木桥，另一些倭寇开始向明军射击。

明军行进在沟堑、叠石之间，虽然前行艰难，却有助于他们躲避铅弹和羽箭。

靠近窝巢的地带叠石稀疏，沟堑渐浅。失去了掩护的明军适时发起了冲锋。陈大成、朱珏等人率领的先头部队三次冲到岸边，又在对面射远器的逼迫下三次后退。

在这三进三退的过程中，朱珏看到哨总周能冲到岸边，却被倭寇的鸟枪击中，再也没有起来。他看到十几个兄弟倒下了，接着又是十几个、二十几个。

浓眉深锁的朱珏知道不能再盲目冲锋了，他躲在一个深沟里，冷冷地观察着岸上的倭寇。忽然，他看到群倭一阵骚动，部分倭寇转身冲回倭巢。他并不知道这阵骚动是王如龙从倭巢背后发起进攻造成的，但他知道冲锋的机会来了。他大喊一声，率先向前冲去。他一边在起伏不定的地势中行进，一边不时地发射鸟铳，攻击倭寇的鸟铳手。不久，他看到一个明军战士冲上了对岸，他一颗铅弹打死了挥刀砍向上岸战士的那个倭寇。转瞬间，又有几十个明军冲到了岸上。

在王如龙绕后攻击倭巢背后的同时，一股倭寇从另一个方向绕到了戚家军的背后。

面对倭寇突然从背后发动的进攻，戚家军后队人马有些措手不及，十几个战士倒在了倭刀之下。哨总刘武见状惊慌失措，不顾部下死活，转身逃走。

哨总逃走后，刘武的部下军心大乱，十几个军士在肉搏战中先后丧生。随后，越来越多的将士效法刘武，临阵脱逃。

戚继光观察着战场形势，心中十分焦急。这么一直后退，戚家军后队人马就会被逼迫到倭巢前门附近。如果倭巢中的倭寇疯狂反扑，将戚家军后队与攻打倭巢的陈大成部压缩在一起，那么戚家军就会被倭寇前后夹击，一败涂地。

戚继光厉声吼道："只有死战才能活命，再敢后退，军法从事！"然而，仍有不少将士继续逃跑，戚继光忍无可忍。恰在此时，慌不择路的刘武逃到了他身边，他一狠心，拔出双剑，右手一剑斩杀了刘武。

"不许后退，违令者斩！"戚继光右手高举沾血的宝剑大声疾呼。

不过，仍有军士夺路而逃。无奈之下，戚继光翻身下马，双剑迭出，一连处死了三四个逃兵，戚家军这才稳住了阵脚。

戚继光令旗一挥，徒步率军发动反攻。戚继光冲向一个倭酋，右手长剑疾刺对方咽喉，倭酋举刀相迎。戚继光顺势一脚扫在倭酋的脚踝上。倭酋身子一歪，戚继光左手长剑平削，切入倭酋的脖颈。戚继光身边的将士也摆开鸳鸯阵，奋力鏖战。不到半个时辰，戚家军转败为胜，杀得群倭四散奔逃。

此前，王如龙手中的狼筅已经撞开了倭巢的后门，明军顺势一拥而入。见倭巢内巷道狭窄，王如龙放下狼筅，自腰间摘下双斧，一边砍杀倭寇，一边狂吼："杀！"

不久，陈大成、朱珏攻破了倭巢的前门，明军与群倭在狭窄的巷道内展开了白刃战。

混战之中，被胁迫入伙的假倭利用熟悉地形的优势，纷纷窜入窄巷两侧的小路，四散奔逃。

拼死顽抗的真倭在死伤过半的情况下，被迫退入一座由砖瓦建成的高大房屋。倭贼将石门死死顶住，同时还利用墙壁上的箭孔向明军射击。

陈大成指挥手下背负树枝、杂草冲上屋顶。众军士掀开瓦片，将点燃的树枝、杂草倒入屋中。倭寇见状，脱下衣服，拼死扑打，很快树枝、杂草纷纷熄灭。

朱珏大怒，与手下军士带着火药冲上屋顶。朱珏等人顺着此前掀开的瓦片不时将点燃的火药掷入屋中，倭寇大乱。

王如龙趁乱飞身撞开石门，杀入屋中。他左手一斧砍死了一名被火药炸伤的倭寇，右手一斧击飞了劈向自己的倭刀。陈大成等也挺身抢入，明军人人奋勇，将屋内真倭剿杀殆尽。

二

明日高悬，风轻云淡。

莆田城外十里左右的长亭附近，人潮涌动，道路两旁摆满了鲜花、锦旗。

"戚将军来了！戚将军来了！"道路两旁的百姓欢声雷动，人们争相向前，一睹戚大将军的风采。不过，他们首先看到的是旗鼓队，然后是押解俘虏的方阵，斩获首级的方阵，再接下来是一队又一队庄严肃穆的军士。

围观百姓窃窃私语。"哪个是戚将军？""那个？""不是，不是。""唉，还不是……"

"这个，这个！"围观百姓终于看到了他们等待已久的戚大将军。

戚继光骑在一匹白马上，随着队伍缓缓而行。

"戚将军，戚将军！"围观百姓高声呼喊，他们想要冲到离戚继光更近的地方，结果被维持秩序的本地军士死死拦住。

"戚将军，我和万大人及莆田士大夫特来迎接，恭贺戚将军剿灭倭寇！"分守道翁时器躬身施礼、分巡道万民英及一众士大夫都纷纷效法。

戚继光连忙跳下战马，给众人还礼："有劳各位大人！"

"戚将军，倭寇荼毒福建十余年，民不聊生。幸而有戚大人不远千里，驰援福建，一战肃清横屿，再战荡平福清，三战横扫林墩。真可谓不世之功啊！"

"不世之功，不世之功！"万民英等人纷纷附和。

"不敢，不敢！"戚继光连连摇手，"剿灭倭寇可不是我一个人的功劳！上有朝廷眷顾，下有将士用命，戚某微劳何足道哉！"

"戚将军过谦了，我和万大人已经为将军备好了酒宴，今晚一定要好好庆贺一下戚将军的赫赫战功。"

"过奖，过奖！"戚继光又施一礼，"我军虽然三战三胜，但福建的倭患并未彻底根除。"

"戚将军太谦虚了！"众人纷纷露出赞许的笑容。

庆功宴的喧嚣热闹过后，戚家军似乎被遗忘

了。虽然寒冬将至，可过冬的衣服却迟迟没有发放，不少身着夏装的将士感染风寒，在异乡冰冷的寒风中瑟瑟发抖。牛田、林墩两战的功赏也迟迟未能兑现。将士们看看自己身上的伤疤，想想长眠地下的同袍，他们的心绪久久不能平静。

戚继光见众将士无意再留，便决心率军还浙。恰在此时，总督胡宗宪也发来了敦促戚家军返回信地的命令。

十月一日，戚继光率领大军自莆田启程回浙。不过，两天之后，戚家军途经福清时，却不得不暂时留在那里。因为军中感染风寒的战士已多达数百人，就连主帅也病倒了。

五日晚，正在福清县衙养病的戚继光，突然接到紧急军情，称有三百名倭寇在距福清县二十里的葛塘登陆。戚继光连忙召集陈大成、王如龙等部将，共商对策。

在戚继光简要地介绍了军情之后，陈大成说："戚将军，这伙倭寇人数不多，我们去打发这帮狗贼就行了，你好好留在这里安心养病吧。"

戚继光强打起精神，清了清喉咙说："现在军中伤员、病号众多，军力已经无法与刚来福建的时候相比。将士们又归心似箭，在士气上也大不如前。因此，这一战切不可掉以轻心，我必须亲自前往。"

陈大成、王如龙二人对望一眼，王如龙右眉一挑，露出不以为然的神情。

当晚，戚继光带病率军前往葛塘，在即将经过牛田时，再次得到紧急军情，称又有三百名倭寇在牛田登陆。

戚继光当机立断，派遣朱珏等人继续前进，在葛塘至牛田的必经之路——上迳桥附近设伏，自己率领大军杀奔牛田。

陈大成、王如龙没有将牛田的倭寇放在眼里，他们也没有像往常那样带头冲锋，而是指挥自己部下向倭寇发起攻击。他们认为，这三百名倭寇不过是小菜一碟。

出乎意料的是，这伙倭寇不但兵器锐利、铠甲精良，而且十分凶悍。他们在一个手持双刀的倭酋带领下拼死搏杀。不久，戚家军的先头部队就败下阵来。

戚继光见状，催马向前，忍住咳嗽，高声喝道："成千上万的倭寇都被我们打败了，这么一小撮倭寇有什么好怕的？谁再敢当逃兵，军法从事！"

后退的将士闻言，想起上个月林墩之战中，被戚继光处决的刘武等人，不敢再退，纷纷转身与倭寇拼杀。

戚继光看到一个手持双刀的倭酋一连击杀三名反身冲锋的战士，心中大怒，他翻身下马，拔出腰间双剑冲了过去。

戚继光左手剑直刺倭酋右眼，右手剑横削倭酋腰部。虽然戚继光是带病作战，但这两剑仍是锐不可当。倭酋右脚向侧后方疾跨一步，避开刺向他右眼的长剑，以右脚为轴向右疾旋，同时右手刀奋力荡开削向他腰部的长剑。

刀剑相撞的一刻，双方都竭尽全力，各自震得虎口发麻。戚继光自抗倭以来，从未遇到如此强敌，心中暗想：如今我有病在身，拖得久了恐怕体力不支，必须速战速决。

戚继光舞动双剑展开了极为迅猛的进攻，唰唰唰，一连二十一剑，招招致命。倭酋不甘示弱，奋力对攻。双方你来我往，拼死搏杀。忽然，戚继光一跃而起，左剑轻挥斩断了倭酋的右腕，还不等倭酋的刀落到地上，他的右剑已刺入了倭酋的咽喉。

双刀倭酋一死，群倭阵脚大乱，转身向牛田狭窄的巷道逃去。明军紧追不舍。不久，双方又在巷道中展开了白刃战。王如龙舞动双斧，连毙倭贼，陈大成挥动铙钯，击杀贼寇。明军将士越战越勇，不到半个时辰，负隅顽抗的倭寇被全部歼灭。

陈大成在战利品中发现了十几封信，他将这些信交给了戚继光。

戚继光仔细地翻看了所有信件，发现绝大多数是用汉字写的。他放下读过的最后一封信，又转过头咳嗽了几声之后，对陈大成说："这些书信，大部分是勾引真倭的假倭所写。根据信中的内容判断，这批倭寇是刚从日本渡海而来的，据说总共有一万多人。"

"这伙倭寇还挺难缠的，尤其是那个使双刀的倭酋，"陈大成心有余悸地说。

"有封信里提到了一个叫作双刀潭的，估计就是这个倭酋，据说是这批新倭的首领。"

"怪不得这么厉害。"王如龙闻言说道，"嘿嘿，不过他到底还是做了戚将军的剑下鬼！"

不久，朱珏从上迳桥赶了回来。

"戚大人，"朱珏冷冰冰地说："如你所料，葛塘的倭寇与牛田的倭寇是一伙的，他们听到牛田这边的号炮、鸟铳，想赶来救援，结果在上迳桥中了我们的埋伏。倭贼在被我们击毙了几十个人之后，就烧毁桥梁逃走了。"

"好，咳咳咳！"戚继光清了清喉咙，说，"收兵！"

三

西楼是福清城著名的酒楼。一轮明月透过窗格，映照在两个愁眉不展的男人脸上。两个男人之间，有一张宽大的桌子，桌上摆着竹香鲍鱼、半月沉江、脆笋熏鹅、鸡汤海蚌及各色小菜。桌上还有两壶上好的白酒。

汪道昆打破了沉默，"戚将军跟福清真是有缘啊。你这次驰援福建，四战四胜，其中有两仗就是在福清打的。"

戚继光知道汪道昆终于要切入正题了。实际上，在此前汪道昆谈论倭寇最近的动向时，他就已经明白：对方想要他做无法做到的事。

"戚将军如果能再多留些时日，将这新来的倭寇一举荡平，那真是福建百姓的福分啊。"汪道昆鼓足了勇气，说出了心底的声音。

"胡总督有令，命我率军返回浙江。实际上，若不是许多将士病倒了，我军十天前就离开福清了。"

"唉，冬装的事儿都怪下官办事不力，我明天就去找游都堂处理这个事儿。"

"如今政出多门，冬衣之事岂能怪在汪大人身上！"戚继光说，"你也不必再操心这件事了。将士们归心似箭，别说冬衣，就是给他们穿貂裘、锦袄也留不住他们。"

"如今成千上万的新倭来到福建，他们之所以不敢肆虐，都是因为戚家军的威名。你们要是一走，福建的百姓可怎么办啊？"汪道昆的焦虑溢于言表。

"汪大人，"戚继光正色道，"戚家军的本职任务是防御浙江沿海的倭寇。胡总督这次派我们驰援福建，本来只是为了讨伐横屿的倭巢。而我军南北转战，实际上已经做了很多额外的事情了。现在胡总督让我军回防浙江，戚某岂能抗拒！。十六日，我军就启程。"

"戚将军宅心仁厚，福建上到官员、下至百姓，都对将军的感恩戴德。"汪道昆侧着头犹豫了一会儿，又叹了口气说道，"在下有个不情之请，不知当讲不当讲。"

戚继光无奈地点了点头。

"戚将军，你能不能在临走前，再打一次倭寇？"

"汪大人，"戚继光坐直了身子，郑重地说，"我军从浙江千里迢迢赶到福建。在短短的三个月里，我们从横屿到福清、林墩，又从林墩回到福清，转战千里，前后打了四次恶仗，将士们已经疲惫不堪。再者，我带的这支驰援福建的军队一共只有六千人，除去自横屿之战以来阵亡的将士，因水土不服、受伤、疾病等原因不能作战的将士，只有三千人还能勉强投入战斗。用这三千疲惫之师去与一万多气势正盛的新倭作战，无异于驱羊搏虎，绝非明智之举。"

"戚将军百战百胜……"汪道昆仍然抱有侥幸心理。

"汪大人，"戚继光不自觉地提高了声音，"如今抗倭靠的就是我带的这些义乌兵！我们也是人，也会疲劳，也会犯错误，万一我们都战死了……"察觉到自己的声音有些哽咽，他平复了一下情绪，继续说，"戚某并不怕死，可我认为活着剿灭倭寇比贸然送死更有意义。"

"那……那可怎么办呢？"汪道昆摊开说手，一脸茫然。

"我需要更多的生力军。"戚继光用相对缓和的语气说，"可你知道这是目前解决不了的问题。我必须回浙江，去向胡总督争取更多的兵力。"

"那福建的百姓呢？"汪道昆急切地望着戚继光，就像一个身患重症的病人在渴求名医的秘方。

"我想，只有坚壁清野了。"戚继光无奈地说。

见汪道昆面露难色，戚继光又说："汪大人跟胡总督是同乡，胡总督又对你颇为敬重。你可以给胡总督写信提出两个要求，一是增募义乌兵，二是明年春天救援福建。我想他会答应你的请求。如果我们拥有两万兵力，哪怕一万也行，戚某一定能荡平倭寇。"

汪道昆频频点头，说："戚将军所言甚是。只要能荡平倭寇，我汪道昆万死不辞！"

戚继光想到倭寇犯下的滔天罪行，想到自己剿灭倭寇的夙愿，情不自禁地站了起来，动情地说："戚某绝不是怕死的人，只要能荡平倭寇，我也不惜以身殉国！"

汪道昆也连忙起身。戚继光解下左侧腰间的宝剑，双手捧在胸前，说："宝剑赠英雄！我将这把斩过倭寇的宝剑送给你，万望笑纳！"

汪道昆连连摇手，说："不敢，不敢！"

"我在浙江抗倭的时候锻造了两把宝剑，我曾立誓，要用这两把剑荡平倭寇。汪大人既然要与戚某共同担负抗倭大业，就请收下此剑，切莫推辞。"

汪道昆恭恭敬敬地接过宝剑，高声说道：
"好，下官愿协助戚将军荡平倭寇！"

四

戚家军回到浙江以后，福建的形势风云突变。原本不敢肆虐的倭寇，开始横行无忌。

倭寇兵分两路。一支攻陷了福宁、政和等县，另一支杀奔宁化。

杀奔宁化府的倭寇共有六千多人，他们一路上，攻克宁德、罗源、连江等县。指挥使齐天祥、游击将军倪禄等明军将领先后战殁。

倭寇对宁化府城的进攻持续了将近一个月。期间，奉命救援兴化的总兵刘显，率军驻扎在距府城三十里左右的江口桥和迎仙寨。

倭寇为了探听刘显所率援军的虚实，派假倭装扮成从府城中逃出的良民，前往刘显的中军大帐请求救援。刘显不知是计，就将援军兵力不足，待到募足一定兵力后才会救援兴化府的情况和盘托出。

倭寇得到消息后。派遣一些假倭接受招募，到刘显手下当兵。刘显没有察觉，派出一队混入假倭的新兵前往兴化府城协助防守。

刘显还派出八名军士去兴化府城送信。不料，这八名军士被倭寇截杀。倭寇派出八名假倭换上明军的衣服，进入府城。八名假倭对分守道翁时器、参将毕高、兴化府同知奚世亮等人说，刘总兵今晚会亲率大兵夜袭敌营，兴化之围指日可解。守城官员信以为真，放松了警惕。

当晚，八名假倭伙同此前混入城中的假倭，对府城西门附近的守军发动偷袭。夜空下，倭刀飞舞，一个又一个负责夜间巡视的守城战士倒在了黑夜之中。

候在城外的倭寇纷纷架起云梯、爬上城墙。群倭顺风纵火，烧杀劫掠。分守道翁时器、参将毕高弃城逃走，兴化府同知奚世亮殉国，被杀的士绅多达四百余人，惨死的百姓不计其数，官库、民财也被洗劫一空。

此时，浙江的政局也发生了很大的变化。严嵩垮台后，有人揭发总督胡宗宪与严嵩结党，明世宗派出锦衣卫将胡宗宪逮回京师，并撤销了兼管南直隶、浙江、福建军务的总督这个职务。于是，浙江军务与福建军务在制度上的关联就不复存在了。

新任浙江巡抚赵炳然接管浙江军务。他到任后做的第一件事，是将已经派发、尚未运到的，戚家军将士应得的八万两赏银紧急追回。与此同时，前任总督胡宗宪答应的增募义乌兵以解决福建倭患的事情，能否继续推进也成了一个未知数。

戚继光与汪道昆为了解决福建的倭患，一同来到浙江巡抚衙门，请求赵炳然答应增募两万义乌兵。赵炳然采取了折中方案，准许戚、汪二人前往义乌增募一万新兵。至于戚继光为部下讨要八万赏银的请求，赵炳然以仍需勘验为由予以拒绝。

倭寇攻陷兴化府城的事件，在朝廷引起了很大的震动。为了解决福建的倭患，朝廷晋升戚继光为副总兵，兼管福建、浙江的防倭事务。

接到任命后，戚继光感到责任重大。为了确保胜利，他向朝廷提出了三个要求：第一，要彻底解决福建倭患，兵力需要达到两万人，现有兵力之外的缺口，由增募义乌兵解决；第二，想让士兵拼死作战，就不能言而无信，上次驰援福建应发的赏银八万两，至少要落实三分之一；第三，筹备充足的器械、粮饷备用。

戚继光的请求基本得到了朝廷的批准，只是新增义乌兵的数额仍然定为一万。

嘉靖四十二年（1563）正月，福建的战局又发生了一些变化。占据兴化府的倭寇听闻戚继光将要进入福建剿倭的消息后，主动撤出兴化府城。转而攻陷了位于海边的平海卫。攻陷福宁、政和的那支倭寇，也赶到平海与占据卫城的倭寇汇合。

负责剿灭福建倭寇的俞大猷与刘显两位总兵率军赶到平海卫附近，牵制倭寇，却不敢进剿。

戚继光与汪道昆在义乌增募一万名新兵后，于三月二日，誓师进军福建。四月十三日，戚、汪二人率领大军到达福清。

听闻兵强马壮的戚家军已经到达福清，大部分倭寇慑于戚继光的威名，起航逃回日本。不过，仍有非常凶悍的数千倭寇，决定在平海卫境内的许家村和赤崎山负隅顽抗。

驻军福清期间，戚继光与汪道昆又去了一次西楼，两人抚今追昔，不胜感慨。汪道昆激动地说：

"戚帅，我们明天就进军平海，一举荡平倭寇！"

戚继光摇摇手，说："汪大人，俞大猷、刘显两位大帅与倭寇周旋数月，未曾进剿，我军一出，手到擒来。这让俞、刘二帅情何以堪？因此，戚某想与俞、刘二帅联合进兵。"

"联合进兵？"汪道昆皱着眉说，"那谁来做三军统帅啊？如果三支军队没有统一的主帅，定会彼此掣肘、互相推诿，甚至可能会为了首级和战利品产生争夺。如果让俞大猷或刘显做统帅，你指挥作战便会束手束脚。而让你做三军也不符合常理。你是副总兵，而俞、刘二帅是总兵。"他摊开双手，露出无可奈何的表情。

"戚某给新任巡抚谭纶写了一封信，表示愿与俞、刘二位总兵联合进军，平分功赏，并请求谭大人亲到平海督阵。"

汪道昆竖起了大拇指，频频点头。

谭纶到达平海卫那天是四月二十日。当晚，他集合戚继光、俞大猷、刘显等三军将士歃血为盟，誓灭倭寇。

第二天凌晨，明军兵分三路向倭巢发动总攻。

戚继光的抗倭故事永远流传后世。

戚继光部为中路、主攻，俞大猷、刘显两部分居左右，负责策应。

明军抵达赤崎山时，二千倭寇出山迎战。戚继光指挥朱珏等鸟铳手和弓箭手向敌人发起猛烈的攻击，倭寇阵脚大乱。戚继光见时机已经成熟，便与汪道昆亲率陈大成、王如龙等人向群倭发起冲锋。只见狼筅、锐钯、长枪、腰刀等各式兵器上下翻飞，不到半个时辰，倭寇死伤过半。残寇见势不妙，向许家村逃去。三路明军紧追不舍，直捣将倭巢。经过一番激战，明军大获全胜，斩杀倭寇两千四百五十一人，缴获武器三千九百六十一件，救出被掠百姓三千多人。

平海之战，奠定了戚继光在抗倭事业中的重要地位，此后他取代俞大猷，成为福建总兵。又经过数年的努力，戚继光彻底剿灭了肆虐东南沿海十余年的倭寇势力。

东南沿海的人们在被倭寇烧毁的废墟上建起了新的村庄，荒芜的农田里也种满了水稻或甘蔗。人们在劳作之余，时常会讲起戚大将军的抗倭故事。

戚继光
生平简表

●◎**明世宗嘉靖七年**（1528）

生于济宁南六十里左右的鲁桥。

●◎**嘉靖二十三年**（1544）

袭职为指挥使佥事，同年其父戚景通因病辞世。

●◎**嘉靖二十四年**（1545）

娶指挥使王栋之女为妻。

●◎嘉靖二十五年（1546）

在登州卫负责屯田事务。

●◎嘉靖三十二年（1553）

晋升为署都指挥佥事，负责山东备倭事宜。

●◎嘉靖三十四年（1555）

调往浙江都司。

●◎嘉靖三十五年（1556）

晋升为参将，负责宁波、绍兴、台州等地的防倭事宜；龙山之战。

●◎嘉靖三十六年（1557）

与卢镗、俞大猷等人围王直等倭寇于岑港。

●◎嘉靖三十七年（1558）

舟山练兵；乌牛之战；南湾之战。

●◎嘉靖三十八年（1559）

招练义乌兵。

●◎嘉靖三十九年（1560）

创设鸳鸯阵，写成《纪效新书》。

●◎嘉靖四十年（1561）

台州大捷；驰援江西。

●◎嘉靖四十一年（1562）

驰援福建，横屿大捷、牛田大捷；晋升为副总兵，负责浙江、福建的防倭事务。

●◎嘉靖四十二年（1563）

驰援福建，在俞大猷、刘显的配合下收复平海卫；晋升为总兵，负责福建与浙江金华、温州二府的防倭事务。

●◎嘉靖四十五年（1566）

追吴平入广东，灭吴平于安南国万桥山。

●◎明穆宗隆庆二年（1568）

总理蓟镇、昌平、辽东、保定练兵事务。

●◎隆庆三年（1569）

晋升为右都督。

●◎明神宗万历十一年（1583）

调镇广东，负责南粤地区的军政事务。

●◎万历十三年（1585）

告老还乡。

●◎万历十六年（1588）

在蓬莱去世。